C·H·Beck
PAPERBACK

AF144373

Eine Frau verschwindet in einer Pariser Modeboutique in der Umkleidekabine und ist trotz intensiver Nachforschungen nicht mehr aufzufinden. Fünf Jahre später wird sie durch Zufall auf den Philippinen gesehen – an Armen und Beinen verstümmelt als besondere Attraktion eines Wanderzirkus.

Rolf Wilhelm Brednich hat als erster im deutschen Sprachraum solche „modernen Sagen" gesammelt und in seinem Buch „Die Spinne in der Yucca-Palme" veröffentlicht. Er hat daraufhin eine Flut von Leserzuschriften mit neuen Hinweisen auf „sagenhafte Geschichten" erhalten. „Die Maus im Jumbo-Jet" ist der Nachfolgeband von „Die Spinne in der Yucca-Palme".

Rolf Wilhelm Brednich war bis zu seiner Emeritierung Professor für Europäische Ethnologie in Göttingen. Er ist Hauptherausgeber der *Enzyklopädie des Märchens* und Herausgeber der Zeitschrift *Fabula*. Seine Sammlungen moderner Sagen sind die populärsten volkskundlichen Sammelwerke seit den Kinder- und Hausmärchen der Brüder Grimm. R. W. Brednich lebt seit seiner Emeritierung in Wellington (Neuseeland) und arbeitet an der Verbesserung seines Golf-Handicaps von derzeit 21. Er ist Träger der *Trophy for the best conditioned brown trout 2002* der Wellington Flyfishing Association.

Rolf Wilhelm Brednich

Die Maus im Jumbo-Jet

Neue sagenhafte Geschichten
von heute

C.H.Beck

Illustrationen: Jan von Hugo

Für B. B.

3. Auflage. 2017
Unveränderter Nachdruck

© Verlag C.H.Beck oHG, München 1991
Satz: Druckerei C.H.Beck, Nördlingen
Druck und Bindung: Beltz Bad Langensalza GmbH, Bad Langensalza
Umschlagabbildung: Gertrud Konjer
Umschlagentwurf: malsyteufel, Willich
Printed in Germany
ISBN 978 3 406 71050 6

www.chbeck.de

Vorwort

> Die vollkommensten Erzählungen sind jene,
> welche bei größter Wahrscheinlichkeit, die sie
> für sich beanspruchen können, den höchsten
> Grad von Unwirklichkeit erreichen.
> *Alexander Lernet-Holenia*

Mit der „Spinne in der Yucca-Palme" legten wir vor Jahresfrist eine erste Sammlung sagenhafter Geschichten vor. Damals war noch nicht unbedingt vorauszusehen, daß sich ihr so bald eine zweite Sammlung anschließen würde. Dies hat Gründe, die in dem Genre der modernen Sage selbst liegen und der Erklärung bedürfen. Die Resonanz, welche die ersten 116 Aufzeichnungen aus aktueller mündlicher Überlieferung in der Öffentlichkeit erfuhren, hat den Autor ebenso in Erstaunen gesetzt wie den Verlag, die Medien und die Fachwelt. Es scheint, daß diese Texte beim Lesepublikum aufgrund eines Bündels unterschiedlicher Ursachen ankommen und mit Spannung rezipiert werden: Zunächst sind sie alle ziemlich kurz und kommen heutigen Lesegewohnheiten in idealer Weise entgegen, zumal ihr Unterhaltungswert unumstritten sein dürfte. Zum zweiten erkennen die Leser zumindest einen Teil der Geschichten wieder, weil sie sie bereits früher einmal gehört oder gelesen haben. Drittens lösen die Erzählungen oft einen Überraschungseffekt aus, denn sie werden in der mündlichen Tradition stets als tatsächliches Ereignis erzählt, für dessen Glaubwürdigkeit Zeugen ins Feld geführt werden. Deshalb erwartet man Ge-

---

Die vollständigen Titel der abgekürzt zitierten Literatur finden sich im Literaturverzeichnis am Ende dieser Ausgabe.

schichten, die angeblich das Leben geschrieben hat, nicht in einer Sammlung sagenhafter Erzählungen. Ein vierter Effekt besteht ganz offensichtlich darin, daß viele Leser sich nach der Lektüre einzelner Beispiele der ersten Sammlung geradezu erleichtert und entlastet darüber fühlten, daß die Geschichten so, wie sie sie kannten, nicht „stimmen" können, wenn ungezählte andere Menschen sie ebenfalls kolportieren und für wahr ausgeben. Insofern scheint der aufklärerische Effekt, den wir im Vorwort zur „Spinne in der Yucca-Palme" voraussagten, tatsächlich eingetreten zu sein.

Alles in allem weisen die modernen Sagen eine erstaunliche Popularität auf, und zwar außerhalb und unabhängig von dieser Sammlung. Wenn ihr überhaupt ein Verdienst zukommt, so besteht es eigentlich nur darin, für den deutschsprachigen Bereich die im Umlauf befindlichen Erzählungen erstmals zusammengestellt und veröffentlicht zu haben.

Ein verläßlicher Spiegel jener Wirkung der Sagentexte auf die Leser sind die Briefe, die den Herausgeber seit März 1990 in unerwarteter Fülle erreichten. Er hatte die Leser dazu weder eigens aufgefordert noch seine Anschrift bekanntgegeben. In diesen zahlreichen Zuschriften haben die Leser spontan die bei der Lektüre gewonnenen Einsichten niedergeschrieben und mitgeteilt. In vielen Fällen war zu erfahren, wann und unter welchen Umständen sie eine bestimmte Geschichte oder eine Lesart davon zum ersten Mal gehört haben. Wichtig waren auch viele dankenswerte Hinweise auf literarische Versionen einzelner Erzählungen sowie auf Filme oder Fernsehsendungen, in denen Sagenmotive Verwendung gefunden haben. Viele Menschen sammeln offensichtlich Presseausschnitte mit bestimmten Meldungen und haben unaufgefordert ihre Archive geöffnet und damit aufgezeigt, wie oft manche Geschichten bereits in Zeitungen oder Illustrierten veröffentlicht wurden. Das englische Sprachlehrbuch, nach dem wir fahndeten, weil es eine gedruckte Variante der Geschichte Nr. 81 „Gleiche Wellenlänge" enthält, ist uns gut dreißigmal nachgewiesen worden. Der gesuchte Titel lautet: English for today. Bd. 3: Drittes Unterrichtsjahr. Dortmund/Hannover 1974 (der Text „Herbert, the human radio" auf S. 14–16).

Besonders aufschlußreich aber waren für uns die Hinweise darauf, daß wir in drei Fällen durchaus keine „Sagen", sondern tatsächliche Ereignisse bzw. ihre Widerspiegelungen in mündlichen Erzählungen wiedergegeben haben:

Nr. 38 „Kein Wasser und Brot", der besonders spektakuläre Fall eines Vorarlberger Verkehrssünders, der von der Polizei in eine Arrestzelle eingesperrt und dort 18 Tage vergessen worden war. Diesen bedauernswerten Menschen gibt es wahrhaftig, er heißt Andreas Mihavecs und hat 1979 mit knapper Not und einem Gewichtsverlust von 24 Kilo den unfreiwilligen Aufenthalt in der Zelle von Höchst in Vorarlberg überstanden. Als Weltrekordhalter im längsten Fasten hat er 1981 Eingang in das Guinness-Buch der Rekorde gefunden.

Nr. 78 „Die Hand in der Häckselmaschine". Der Freund, der sich dafür verbürgt hatte, daß diese Geschichte von einer vorsätzlichen Handamputation wahr ist, hatte recht: sie hat sich 1983 ereignet und ist ein Jahr später in einer rechtsmedizinischen Abhandlung untersucht worden (Bonte/Schnug 1985).

Nr. 74 „Einbrecher mit Herz" ist aufgrund eines verläßlichen Nachweises einer hessischen Nachrichtenagentur in Friedberg so vorgefallen, wie wir es dargestellt haben.

Für alle diesbezüglichen Berichtigungen und Ergänzungen ist den Lesern der „Spinne in der Yucca-Palme" herzlich zu danken.

Gerade die letzten Beispiele beweisen im übrigen, wie nahe die sagenhaften Erzählungen von heute der Wirklichkeit sind, und es ist wohl nie ganz auszuschließen, daß im einen oder anderen Falle die Erzählungen sich direkt auf tatsächliche Ereignisse beziehen und nicht aus Phantasie oder Tradition hervorgegangen sind. „Ob nun so etwas tatsächlich passiert oder ob es sich die Betroffenen nur einbilden, ist nebensächlich. Es *wirkt* jedenfalls, und wenn es nicht wahr ist, ist es doch wirklich" (Hohler 1982, 49). Die drei genannten Ausnahmen stellen gewiß nicht das Genre an sich in Frage, sondern unterstreichen lediglich die Notwendigkeit genauer Recherchen.

„Sagenhafte Geschichten von heute" bleiben die Texte allemal, da sie uns auf mündlichem Wege zugetragen wurden und Teil der oralen Überlieferung geworden sind, wobei der Presse als Vermittlungsinstanz eine bedeutende Funktion zukommt. Volkskundler und Medienwissenschaftler beobachten seit langem die tiefgreifenden Einflüsse der Druck- und Bildmedien auf das alltägliche Erzählen (Brednich 1989), und bei den aktuellen Sagen ist diese Affinität von Schriftlichkeit und Mündlichkeit besonders auffällig: es gibt kaum eine Geschichte, die nicht auch einmal in der Zeitung gestanden hat. Für den Leser zerfließen deshalb die Grenzen zwischen Wirklichkeit und Fiktion, und die häufigste Frage, die an den Herausgeber gestellt wurde, ist die nach dem Wahrheitsgehalt der gesammelten Texte. Ich habe in meinen Antworten immer wieder darauf hingewiesen, daß vielen Geschichten ein wahrer Kern zugrunde liegen könnte, daß sich aber die tausendfach wiedererzählten Variationen immer weiter von diesem möglichen Ursprung entfernen und deshalb nicht jede neu lokalisierte oder datierte Lesart wahr sein kann.

Die hier vorliegenden neuen Texte können dazu beitragen, den Blick für die Gattung der modernen Sagen zu schärfen und die Charakteristika dieses Genres noch besser herauszuarbeiten. So ist besonders darauf hinzuweisen, daß diese Erzählungen aus dem modernen Alltag bei ihrer Weitergabe von Mund zu Mund stets in eine ganz bestimmte Kommunikationssituation hineingehören und von den Erzählern unter Hinweis auf Zeugen des Geschehens als „tatsächlich ereignet" tradiert werden. Als „wahre" Geschichten haben sie sie gehört, als „wahre" Geschichten geben sie sie weiter. Eine Edition solcher Erzählungen nimmt die Texte aus diesem Kommunikationszusammenhang heraus und reduziert sie auf ihren bloßen Inhalt und den damit verbundenen Unterhaltungswert. Sie erscheinen dann vielfach nur noch absurd oder erheiternd. Bei der Lektüre muß man sich aber vergegenwärtigen, daß die Texte in der Realität stets in einen sozialen Kontext eingebettet sind und eine Aussage transportieren, die über den vordergründigen Textinhalt hinausgeht: Moderne Sagen sind Ausdruck und Spiegel von menschlichen Ängsten, Befürchtungen, Vorurteilen, Wünschen und Hoffnungen. Das Gemeinsame der Texte in dieser Sammlung besteht darin, daß die Handlungsverläufe der Geschichten tief in den alltäglichen Erfahrungen des modernen Lebens verwurzelt sind. Aber dieser durch Werte, Normen und Regeln gesicherte Alltag des Menschen erweist sich in den Geschichten als zutiefst gefährdet, und demzufolge weist jeder Text eine Stelle auf, in der plötzlich und oft auf grausame Weise das Unerwartete und Bedrohliche in den Alltag einbricht und die Geschichte eine völlig überraschende Wendung nimmt. An diesen Stellen heißt es dann: „Zu seinem großen Entsetzen mußte er feststellen, daß..." oder „sie war völlig verwirrt..." oder „sie machten sich auf die Suche, konnten aber nicht mehr die geringste Spur von ihm finden..." usw. Dieser Bruch ereignet sich in nahezu allen Geschichten, auch wenn er oft nicht ausdrücklich bezeichnet wird. Der Leser kann es an der vorliegenden Textsammlung selbst nachprüfen. Auf dieser zweiten Ebene herrschen Schauder, Entsetzen und Horror, und hier sind die modernen Geschichten ganz „Sage" im Sinne der historischen Sagenforschung, die unter diesem Begriff dasjenige Erzählgut zusammenfaßt, das gesagt, geglaubt und für wahr gehalten wird und die Grenzen der menschlichen Existenz aufzeigt. Aufgrund dieser unverkennbaren Strukturverwandtschaften trifft die Bezeichnung Sage auch auf die Gegenwartserzählungen zu.

Die Beschäftigung mit einem weiteren Hundert dieser sagenhaften Geschichten von heute fördert auch die Einsicht in die Abgrenzung des Genres von anderen Gattungen des alltäglichen Erzählens. Hier ist zunächst auf die Frage nach dem Verhältnis von Sage und *Gerücht* einzugehen. Gerücht gehört zusammen mit den verwandten Ausdrücken wie Hörensagen, Klatsch, Tratsch, Gerede in ein Wortfeld, welches das Unzusammenhängende, Diffuse, Ungenaue und Fragliche eines Kommunikationsinhaltes zum Ausdruck bringt. Ein Gerücht besteht in der Regel nur aus einer kurzen, mehrdeutigen Mitteilung, aus der die Wendung „es soll…" o.ä. nicht wegzudenken ist. Gerüchte dienen oft, besonders in Krisensituationen, als Nachrichtenersatz (vgl. Lauf 1990, 15). Die moderne Sage dagegen weist allein schon textlich eine andere Struktur auf: sie besteht aus einem narrativ gestalteten Text mit einem Anfang (Berufung auf die Quelle), einem Mittelteil (Alltagssituation) und einem dramatisch gesteigerten Schluß. Außerdem tritt in der Sage an die Stelle des Unbestimmten die subjektive Erlebnisqualität des „es hat sich so und nicht anders zugetragen". Andererseits bestehen aber zwischen Gerüchten und Sagen auch unübersehbare Affinitäten und Wechselwirkungen. Geradezu epidemisch auftretende Gerüchte wie das vom Erscheinen eines Anhalters mit der behaarten Hand („Die Spinne in der Yucca-Palme" Nr. 4; vgl. Lauf 1990) kursieren vielfach in der Form von dramatisch ausgestalteten Erlebnissagen oder Memoraten; das heißt also, daß sich Gerücht und Sage oft in Koexistenz miteinander befinden und vom einen Erzähler nur in Form von vagen Andeutungen, vom zweiten in narrativ gestalteter Struktur weitergetragen werden. In der vorliegenden Sammlung finden sich zwei Texte, die aus Gerüchten im Nachkriegs-Berlin (Nr. 76) bzw. im Frankreich der 60er Jahre (Nr. 96) hervorgegangen sind. Umgekehrt ist auch festzustellen, daß manche Sagen gleichzeitig als Gerücht kursieren (z. B. Nr. 53, 57, 66 u. a.) oder daß ein diffuses Gerücht die Schwundstufe mancher Sage darstellt.

Sage und Gerücht stimmen oft auch darin überein, daß sie periodisch auftreten, in ihrer wellenförmigen Ausbreitung einem temporären Höhepunkt zustreben und dann mangels Beweisen in sich zusammenbrechen, um zu einem anderen Zeitpunkt und an einem anderen Ort erneut auszubrechen (vgl. Morin 1970).

Von der Forschung wurde das Verhältnis der modernen Sagen zum *Witz* bisher überhaupt nicht erörtert. Dabei liegen die Gemeinsamkeiten auf der Hand. Der Witz ist per definitionem (vgl. Röhrich 1977, 4) eine kurze, Lachen erregende Erzählung, die in einer Pointe gipfelt. Die moderne Sage ist ebenfalls in der Regel eine kurze Erzählung, die Hörer reagieren auf sie oft mit Lachen, und auch bei ihr kulminiert die Handlung stets in einem dramatischen Höhepunkt, den man Pointe nennen könnte. Gewiß darf über diesen formalen Gemeinsamkeiten der wichtige Umstand nicht vergessen werden, daß moderne Sagen als wahre Ereignisse weitererzählt werden, während Witze sich durch die spezifische Erzählsituation und bestimmte Eingangsfloskeln („Kennen Sie den?" u. ä.) als solche deutlich von den „geglaubten" Genres absetzen. Tatsächlich sind mir bei der Sammelarbeit manche Themen sowohl in der Form geglaubter Sagen als auch in Witzform begegnet. Ich gebe zunächst ein Beispiel aus dem Bereich der *Sage:*

An der Nordsee beobachten Badegäste vom Strand aus einen Windsurfer, der nach langem Kampf mit seinem umgestürzten Surfbrett in den Wellen untergeht und ertrinkt. Sie benachrichtigen die Lebensretter, die mit dem Boot an die Unfallstelle fahren und den Ertrunkenen bergen. Zu ihrem Entsetzen hat der Mann Schlittschuhe an den Füßen. (Quelle: im Sommer 1990 von Freunden nach der Rückkehr von einem Urlaub auf Langeoog gehört; eine finnische Variante bei Virtanen 1987, 152.)

Als *Witz* wird der gleiche Stoff folgendermaßen erzählt:

Der mit dem Surfer, der ist auch nicht schlecht, den mußt du erzählen. Also: Sind zwei Ostfriesen, die stehen am

Deich und angeln. Sagt der eine: „Guck mal, da vorne, da ist ein Surfer." – Jo, angeln weiter. Sagt er: „Du, nun seh ich den nicht mehr. Der ist bestimmt untergegangen. Da geh ich mal gucken." Er stapft rein. 35 Meter, 40 Meter, 45 Meter vom Ufer weg. „Oh, ich hab ihn. Ich hol ihn mal raus." Greift sich den und zieht und zieht. Zieht ihn am Deich hoch. Sagt er: „Der ist nicht mehr so richtig." – „Ja, müßte man Mund-zu-Mund-Beatmung machen." Er setzt an, holt tief Luft (verzieht das Gesicht): „Nee du, das kann ich nicht!" – „Du hast jetzt angefangen, den können wir hier nicht liegenlassen." Er setzt wieder an, holt tief Luft. Ist wieder über ihm, sagt: „Nö, das kann ich nicht. Der hat einen furchtbaren Mundgeruch!" – „Nee, hör man lieber auf. Da stimmt irgendwas nicht: Mensch, der hat Schlittschuhe an!" (Quelle: Christine Streichan: Untersuchungen zur Interaktionsstruktur von Witzeerzählungen. M. A. Göttingen 1990. Bd. 2, S. 12, aufgezeichnet am 16. 6. 1989 von einem 25jährigen Mann.)

Allzu häufig sind indessen die Beispiele für die Affinität von moderner Sage und Witz nicht. Andererseits zeugt eine ganze Reihe von Textbeispielen der vorliegenden Edition für die Tatsache, daß auch das Genre des *Schwankes* – die „Vergangenheitsform des Komischen" – bis zum heutigen Tag in gewissem Umfang seine Vitalität bewahrt hat: vgl. Nr. 11, 17, 18, 21, 22, 41, 55, 56, 59–64, 67, 70, 77, 85, 97.

Die modernen Sagen gelten dem Erzählforscher als Ausdruck des aktuellen Bewußtseins einer Gesellschaft. Diese aufschlußreiche Funktion des Genres ist in Deutschland seit den Ereignissen nach dem 9. November 1989 besonders offenkundig geworden. Die Öffnung der deutsch-deutschen Grenze und die danach einsetzenden Besucherströme aus dem Gebiet der ehemaligen DDR haben in zahlreichen aktuellen Erzählungen, die auf die neuen Verhältnisse in Deutschland abzielen, ihren Niederschlag gefunden. Aus diesen Textbeispielen, die wir an die Spitze dieser Ausgabe gestellt haben, wird deutlich, daß die Westdeutschen auf die Veränderungen im Land mit Angstgefühlen reagieren und den Landsleuten aus den fünf neuen Bundesländern in ihren Erzählungen vielfach die Rolle der Bösewichte und Sündenböcke zuweisen. Abseits der Einigkeitseuphorie der Politiker macht sich in diesen „wahren" Geschichten „Volkes Stimme" der Gegenwart eindrücklich bemerkbar. Die Mischung aus Angst, Überheblichkeit und Vorurteilen findet ihren Niederschlag auch in zahlreichen neuen Gerüchten um Themen wie Stasi, Spionage, Parteivermögen, Behördensumpf, Umweltverschmutzung usw. Kurz nach der Öffnung der Grenzen war in Niedersachsen vielerorts das Gerücht zu hören, das in der DDR gebraute Bier sei mangels eigener Hopfenproduktion mit Bitterstoffen aus Galle tierischen Ursprungs angereichert, daher seien die Besucher aus dem anderen Teil Deutschlands alle so blaß. Als narratives Gerücht (z. B. von dem Förster, der jahrelang die Galle der geschossenen Rehe und Wildschweine in der Brauerei abgeliefert hat) ist uns dieses Gerücht ebenfalls schon begegnet. Das Einleitungskapitel der vorliegenden neuen Sammlung stellt jedenfalls die Aktualität und Relevanz des Geschichtenerzählens so eindeutig unter Beweis, daß in Zukunft für die volkskundliche Erzählforschung eine noch stärkere Berücksichtigung des alltäglichen Erzählens der Gegenwart unumgänglich erscheint.

Die sich anschließenden Kapitel dieser Sammlung korrespondieren in etwa mit denjenigen des vorausgegangenen Bandes, enthalten aber vollkommen neue Erzähltexte. Das in der „Spinne in der Yucca-Palme" noch deutlich unterrepräsentierte Thema „Sexualität" kommt in dieser Ausgabe stärker zu seinem Recht.

Wie der vorausgegangene Band mit sagenhaften Geschichten von heute, so beruht auch der neue wiederum weitgehend auf mündlicher Überlieferung. Mehr als die Hälfte der Texte geht auf eigene Aufzeichnungen des Herausgebers zurück, die restlichen Sagen verdanke ich ehemaligen Mitgliedern meines Göttinger Forschungsprojektes und brieflichen Einsendungen von Lesern der „Spinne in der Yucca-Palme", denen ich für ihre Unterstützung sehr verpflichtet bin. Mit einigen wenigen Übernahmen aus ausländischen Quellen (Nr. 64, 67, 95, 101) soll die Internationalität des Genres angedeutet werden, während die eine oder andere Anleihe an Presseorgane (Nr. 3, 4, 6, 15, 59, 70, 84) die Querverbindungen der modernen Sage zu den Medien veranschaulichen soll.

Ich vermute, auch die vorliegende Sammlung wird wieder viele Leser veranlassen, dem Herausgeber neue Varianten, Belege oder sonstige Ergänzungen mitzuteilen. Zur Vereinfachung der Kommunikation hier die Adresse des Verfassers:

Prof. Dr. Rolf Wilhelm Brednich
Seminar für Volkskunde
Universität Göttingen
Friedländer Weg 2
D-3400 Göttingen

I. DDR-Geschichten

1. Begrüßungsgeld

Die folgende Geschichte spielt während der Zeit, als an DDR-Besucher noch Begrüßungsgeld gezahlt wurde. Eine junge Göttinger Frau „parkt" ihren Kinderwagen mit einem etwa anderthalbjährigen Kleinkind darin vor einem Supermarkt, um schnell ein paar Einkäufe zu erledigen. Als sie zurückkommt, ist der Kinderwagen leer. Voller Aufregung sucht sie in der ganzen Gegend nach ihrem Kind, fragt die Passanten und schaltet schließlich die Polizei ein. Aber alles ist vergeblich, von dem Kind findet sich nicht eine Spur. Aber nach einer Weile ist es plötzlich wieder in seinem Kinderwagen. Folgendes stellt sich heraus: Ein Ehepaar aus der DDR, das zu Hause ein etwa gleichaltriges Kind hat, hatte das Baby „ausgeliehen", um mit seiner Hilfe auf den Paß des eigenen Kindes im Neuen Rathaus ein zusätzliches Begrüßungsgeld kassieren zu können. Das Paar entschuldigte sich für die Aufregung und schenkte der Mutter des Kindes einen Strauß Blumen.

Quelle: Hausfrau aus Göttingen, 26, deren Freundin die Frau kennt, der diese Geschichte im Januar 1990 passiert sein soll. Die Göttinger Polizei weiß nichts von einem solchen Fall. In einer Variante, die eine Studentin der Kunstgeschichte für mich aufgezeichnet hat, geht ein junges Ehepaar zu Aldi einkaufen und läßt die Großmutter zur Beaufsichtigung des Babys zurück. Da sie nicht aufmerksam genug ist, wird ihr das Baby aus dem Wagen gestohlen. Der „wahre Kern" dieser Geschichte sind die Nachrichten von den Manipulationen, die beim Empfang des Begrüßungsgeldes vielfach vorgekommen sein sollen.

2. Freßt ihr eure Äppel!

Ein Westberliner Autofahrer mußte auf der Transitstrecke durch die DDR an der Autobahnraststätte Wilsdruff nachtanken. Er stand in der Warteschlange und hatte den Kofferraumdeckel seines Wagens geöffnet, um auch den Reservekanister füllen zu lassen. Hinter ihm wartete ein Trabi, aus dem ein kleines Mädchen ausstieg. Es starrte voller Verzückung in den geöffneten Kofferraum, in dem mehrere Kartons Bananen gestapelt waren. Das Mädchen teilte seinem Vater die Entdeckung mit: „Pappi, der Mann vor uns hat den ganzen Kofferraum voller Bananen!" – „Geh und bitte den Herrn, dir eine zu geben, dann wirst du sicher eine bekommen!" Der Westberliner reagierte aber völlig unwirsch und schnauzte das Kind an: „Freßt ihr eure Äppel!" Der Tankwart bekam die Sache mit und regte sich über den geizigen Berliner so auf, daß er ihm den Sprit verweigerte. Der Berliner verzog sich mit der Bemerkung, dann fahre er eben an die nächste Tankstelle. Da hatte er aber die Rechnung ohne den Tankwart gemacht: Der ging nämlich sofort zum Telefon und benachrichtigte, für alle Wartenden hörbar, die benachbarten Tankstellen an der Autobahn und bat sie, dem bewußten Fahrer mit dem Berliner Kennzeichen keinen Tropfen Benzin zu verkaufen und auch den angrenzenden Tankstellen Bescheid zu sagen.

Im Anschluß an eine Rundfunksendung des Hessischen Rundfunks vom 13. 5. 1990 über „Die Spinne in der Yucca-Palme" (Talk about in HR 3) eingesandt von dem Hörer Burghard Irmisch aus Halle/DDR. Es handelt sich um eine aktuelle Erzählung vom verbreiteten Typus der „Rache-Geschichten": In diesem Falle revanchieren sich DDR-Bewohner in der ihnen eigenen Solidarität für das arrogante Verhalten des „Wessis" gegenüber einem Kind.

Auch in zahlreichen anderen aktuellen Erzählungen steht die Banane stellvertretend für den westlichen Warenstandard und bildet für DDR-Bewohner ein begehrtes Einkaufsobjekt (vgl. Nr. 3). Nach der Öffnung der Grenzen kursierte in Westberlin die

Scherzfrage: „Kennst du den neuesten Kompaß für DDR-Besucher? Leg' eine Banane auf die Mauer und drehe sie. Wo am anderen Morgen abgebissen ist, ist Osten."

3. Vierzig Jahre in Saus und Braus

Ein Ehepaar aus der Schulstraße in Wilhelmshaven hat im Urlaub am ungarischen Plattensee 1988 ein nettes jüngeres Ehepaar aus der DDR kennengelernt. „Besucht uns doch mal", sagten die Wilhelmshavener. Große Gefahr, daß die beiden „Zonis" die Einladung wahrnehmen würden, bestand nicht, da man damals noch nicht so einfach in den Westen reisen konnte wie heute.

Im Februar 1990 standen die Eingeladenen plötzlich vor der Tür. Den Wilhelmshavenern paßte der Besuch gar nicht, denn sie wollten am übernächsten Tag nach Teneriffa in den Urlaub fliegen. Aber eine Nacht wollten sie die Urlaubsbekannten gern aufnehmen. Am nächsten Morgen schlug das Ehepaar aus der DDR vor, es könne doch das Haus hüten, während die Wilhelmshavener Urlaub machten. Hier im Westen werde doch immer so viel eingebrochen. Den Gastgebern leuchtete das ein.

Aber als sie nach 14 Tagen zurückkamen, fanden sie das Haus beinahe leer: Der Fernseher weg, der Videorecorder weg, ebenso Mikrowellenherd, Antiquitäten, Teppiche, Schmuck und auch noch der Zweitwagen der Frau, ein Golf GTI. Auf dem Tisch lag ein Zettel: „Ihr habt 40 Jahre in Saus und Braus gelebt. Jetzt haben wir uns unseren Teil genommen."

Quelle: Wilhelmshavener Zeitung vom 14. April 1990 nach der Erzählung eines Redakteurs, der die Geschichte von einem Richtfest im Gorch-Fock-Haus mitbrachte. Die Autorin des Artikels, Barbara Schwarz, hat diesen Text allerdings nicht als bare Münze genommen, sondern unter folgendem Titel veröffentlicht: „Wirklich wahre Geschichten? Oder: Vor Zonis wird gewarnt. Ostergrüße von der Spinne in der Yucca-Palme." Mir waren bereits zwei weitere Varianten der Erzählung aus Ostfriesland begegnet; mittlerweile sind die einschlägigen Stories schon Legion. Die „Zutaten" sind stets gleich: Gastgeber, Gäste, verschwundene Gegenstände und eine schriftliche Rechtfertigung für den Diebstahl unter Berufung auf die „40 Jahre". Nur die Umstände der Bekanntschaft und die Städte wechseln, und vielfach reduziert sich die Zahl der vermißten Objekte auf ein einziges Statussymbol, vorzugsweise den Videorecorder: So z. B. bei einer Variante aus Hochheim/Main, wo aus Anlaß einer Städtepartnerschaft mit der DDR ein Gastehepaar in einer reich ausgestatteten Villa untergebracht war und sich an diesem begehrten Objekt (vgl. auch Nr. 6) schadlos gehalten haben soll. Auf dem Zettel war zu lesen: „Ihr könnt Euch wieder einen neuen kaufen!"

Alle diese Geschichten um DDR-Besucher sind angstbesetzt und erklären sich aus der Verunsicherung der westdeutschen Bevölkerung angesichts der Grenzöffnung und der sich abzeichnenden Wiedervereinigung.

4. Südfrüchte

Eine Käuferin aus der DDR hat im westdeutschen Supermarkt (in Wilhelmshaven, in Göttingen oder in vielen anderen grenznahen Orten) keine Bananen (Ananas, Grapefruits oder ähnliche Südfrüchte) aus dem Sonderangebot mehr erhalten können. Sie greift in den Einkaufswagen der vor ihr an der Kasse wartenden Kundin und nimmt sich die begehrten Waren heraus mit der Bemerkung: „Ihr habt das vierzig Jahre lang kaufen können, jetzt sind wir mal an der Reihe!"

Quelle: Wilhelmshavener Zeitung vom 14. April 1990 und vielfach mündlich.

5. Der Trick mit der Tränendrüse

Manche DDR-Bürger denken, sie können sich jetzt hier alles erlauben, nach dem Motto: „Wir haben ja vierzig Jahre warten müssen und gedarbt, doch nun sind wir am Zuge." So haben wir in Herzberg folgendes erlebt:

Eine Frau von „drüben" geht im Supermarkt einkaufen und hat an der Kasse eine Rechnung von etwa 150,– DM. So weit, so gut, doch hat die Frau nur 100,– DM bei sich. Nun wird gejammert, daß im Westen alles so teuer sei, und kräftig auf die Tränendrüse gedrückt, und siehe da, die westlichen Kunden in der Warteschlange haben Mitleid und sammeln spontan das fehlende Geld zusammen. Die Frau geht freudestrahlend aus dem Laden zu ihrem Mann, der draußen wartet und sie mit den Worten empfängt: „Na, hat es wieder geklappt?"

Briefliche Mitteilung eines Hörers aus Herzberg am Harz an den NDR – Radio Niedersachsen für die Sendung „Die Brücke" am 2. September 1990, 17–19 Uhr, übertragen aus dem Tonbandmitschnitt der Sendung.

Unmittelbar nach der Grenzöffnung konnte man diese Geschichte im grenznahen Bereich in einer etwas weniger perfiden Variante hören: Danach soll eine Frau aus der DDR im Supermarkt in Osterode (der Ort ist austauschbar) ihren Einkaufswagen bis zum Rand mit Waren gefüllt haben. Die Kassiererin tippt ihr dafür einen Betrag von 90,– DM. Die Frau zückt einen Fünfzigmarkschein, behauptet lächelnd, mehr habe sie nicht, und entschwindet mit dem vollen Warenkorb.

Quelle: Erzählung eines Dipl.-Psychologen, wiss. Mitarbeiter an einem Göttinger Forschungsinstitut, 41, im Mai 1990.

6. Der vermeintliche Videorecorder

Variante a

Ein junger Mann besucht mit seinem Trabi München und kauft in einem Supermarkt ein. Gerade hat er für sein letztes Westgeld einen Sack Orangen und einige Kilo Bananen gekauft und im Auto verstaut, als genau neben ihm ein feiner Wagen einparkt, dem ein ebenso feines Ehepaar entsteigt. Sie öffnen den Kofferraum, holen eine leere Bierkiste heraus und verschwinden damit im Supermarkt. Die Kofferraumhaube lassen sie einfach offen. Im Kofferraum liegt ein Videogerät, originalverpackt. Der Trabi-Fahrer überlegt nicht lange und lädt das Paket blitzschnell in seinen eigenen Wagen um. Als das Ehepaar mit der vollen Bierkiste zurückkommt, ist er schon unerkannt um die Ecke, Richtung Nürnberger Autobahn. Die Frau sieht es zuerst: „Wo ist unsere Muschi?" Sechzehn lange Katzenjahre hatte sie im Haushalt der Familie zugebracht, und da sie nun gestorben war, brachte es das Ehepaar einfach nicht übers Herz, das treue Tier der Tierkörperverwertung zu übergeben. Auf dem Wochenendgrundstück sollte es ein standesgemäßes Begräbnis erhalten, und die Verpackung vom kürzlich erstandenen Videogerät war liebevoll als Katzensarg ausgestattet worden. Was der Langfinger beim Auspacken wohl für Augen gemacht hat!?

Quelle: Süddeutsche Zeitung vom 31. 5. 1990. Diese von Jutta Makowsky launig bearbeitete Zeitungsmeldung ist nichts anderes als die aktualisierte Form der Geschichte von der gestohlenen Hunde- oder Katzenleiche, die wir als Nr. 81 in diese Sammlung aufgenommen haben. Bezeichnenderweise wird ein Trabifahrer aus der DDR des Diebstahls bezichtigt, was mit aktuellen Ängsten in der westdeutschen Bevölkerung korrespondiert. Für die große Verbreitung solcher Befürchtungen sprechen die zahlreichen mündlichen Varianten der Erzählung, von der wir die folgende wiedergeben wollen:

Variante b

Als die Katze von Bekannten meines Freundes starb, wollten die Kinder der Familie sie im Wald richtig beerdigen. Die Katze wurde in einen Karton gelegt, in dem vor kurzem ein Videorecorder ins Haus gekommen war. Weil der Karton mit der toten Katze so schwer war, nahmen die Kinder das Fahrrad und klemmten den Karton auf den Gepäckträger. Vor Aldi hielten sie an, um sich noch schnell etwas zu trinken zu holen. Eine Frau aus der DDR kam gerade aus dem Geschäft heraus und beobachtete sie. Dann gab sie den Kindern sieben Mark und bat sie, ihr doch noch ein Paket Kaffee mitzubringen, den sie vergessen habe, sie passe solange auf das Fahrrad auf. Die Kinder waren einverstanden. Als sie aus dem Laden zurückkamen, war der Karton vom Gepäckträger verschwunden, das Fahrrad stand noch da.

Erzählt im August 1990 von einem 35jährigen Mitarbeiter in der Buchhaltung einer Helmstedter Firma, aufgezeichnet von Irene Wroblewski.

7. Preiswerter Großeinkauf

Von einer guten Bekannten, Ingenieurin und 32 Jahre alt, habe ich folgende Geschichte gehört: Ihre Freundin, eine gleichaltrige Krankengymnastin, hat in ihrem Dorf Bekannte, die kürzlich bei Aldi in Gieboldehausen einkaufen waren. Sie machten einen Großeinkauf, wie immer, wenn man vom Dorf aus in den nächsten Supermarkt fährt. Der Einkaufswagen war bis zum Überquellen beladen, als sie damit zum Parkplatz schoben. Dort kommt plötzlich eine DDR-Familie auf sie zu und behauptet, das sei ihr Einkaufswagen. Die einheimische Familie setzt sich natürlich entschieden zur Wehr, es gibt ein großes Hin und Her auf dem Parkplatz, und schließlich ziehen die DDR-Leute als Beweis den Kassenzettel aus der Tasche. Da sie sich nicht einigen können, rufen sie die Polizei, die aufgrund des Kassenzettels der DDR-Familie den Inhalt des Wagens zuspricht.

Erzählt von einer Dipl.-Biologin, 41, am 17. August 1990 in einem Dorf im Kreis Northeim.

Ich habe diese Geschichte in der gleichen Woche noch ein zweites Mal aus dem Munde einer Dipl.-Psychologin, 38, in Göttingen gehört, die sich auf den „guten Bekannten einer Arbeitskollegin" berief. Danach soll sich der Vorfall an einem Freitagnachmittag in einem Supermarkt am Stadtrand von Göttingen ereignet haben. Der Wert der Waren im Einkaufswagen wurde hier genau mit 250,– DM beziffert, und in diesem Fall wird zur Klärung der Sachlage noch die Kassiererin eingeschaltet, die sich aber wegen des großen Andrangs an der Kasse nicht mehr erinnern konnte.

Am 9. November 1990 hat Eduard Zimmermann in seiner ZDF-Sendung „Vorsicht Falle" diese moderne Sage als angeblich wahre Begebenheit erzählt, um unter dem Motto „Die Kriminalpolizei warnt" auf „Nepper, Schlepper, Bauernfänger" aufmerksam zu machen, die sich unter den DDRlern tummeln.

Auch diese Geschichte ist moralinsauer: Hüte dich vor den bösen DDR-Menschen im Supermarkt und vergiß nie, nach dem Einkauf deinen Kassenbon mitzunehmen!

8. DDR-Konkurrenz

Die Freundin einer Freundin fuhr kürzlich mit ihrem Wagen in die Göttinger Innenstadt, um etwas zu erledigen. Zufällig sah sie eine Parklücke und blinkte, aber bevor sie einparken konnte, hatte bereits eine andere Autofahrerin ihren Trabi in die Lücke gesteuert und stieg aus. Die enttäuschte bundesdeutsche Fahrerin machte ihre Konkurrentin aus der DDR darauf aufmerksam, daß hier üblicherweise derjenige ein Anrecht auf einen Parkplatz hat, der seine Parkabsicht als erster durch Blinken angezeigt hat. Darauf erhielt sie zur Antwort: „Heute nehme ich Ihnen den Parkplatz weg und morgen den Arbeitsplatz!"

Quelle: Erzählt von einer Dipl.-Psychologin, 38, Mitarbeiterin an einem Göttinger Universitätsinstitut, am 31. Juli 1990. Die Erzählerin hat die gleiche Geschichte auch von ihrem Mieter gehört; ihm zufolge soll sie in Bad Harzburg passiert sein. Höchstwahrscheinlich ist sie in dieser Form überhaupt nie passiert, sondern ist ein Phantasieprodukt. Dafür spiegelt sie aber in eklatanter Weise die irrationalen Ängste vieler Bewohner des grenznahen Raumes in der Bundesrepublik wider, die die Besucher aus der DDR weniger als Gäste denn als Konkurrenten um den eigenen gesicherten Lebensstandard empfinden.

9. Meißner Porzellan

Ein Vater und sein Sohn haben in den siebziger Jahren auf verschlungenen Wegen die DDR verlassen und sich in der Bundesrepublik niedergelassen. Vor der Flucht vergruben sie ihren gesamten Besitz an Meißner Porzellan in der Nähe ihres Hauses unter einem großen Birnbaum. Bei jeder Gelegenheit meinte der Vater zu seinem Sohn: „Wenn eines Tages die Grenzen wieder offen sind, gehen wir zurück und graben den Schatz aus. Dann sind wir reiche Leute!" Aber die Grenzen blieben dicht, und der Vater starb, ohne die Öffnung noch erlebt zu haben. Kaum war jedoch mit dem 9. November 1989 die neue Situation in Deutschland eingetreten, machte sich der Sohn mit allem notwendigen Werkzeug versehen auf den Weg an den früheren Wohnort in der DDR. Er kannte die Stelle nicht mehr so genau, wußte aber, daß er sich an dem großen Birnbaum orientieren konnte. Als er schließlich den Platz fand, war dort eine riesige Tiefgarage gebaut.

Quelle: Mündliche Erzählung einer Mitarbeiterin des volkskundlichen Instituts der Universität Freiburg, 42, am 6. Juli 1990 in einer Gastwirtschaft, nach der Mitteilung von Bekannten des Sohnes.

10. DDR-Arbeitsmoral

Variante a

Ein Übersiedler aus der DDR bewirbt sich im Frühjahr des Jahres bei einem Ahlener Malermeister um die Stelle eines Malers und gibt an, in der DDR seine Ausbildung absolviert zu haben. Leider habe er keine Zeugnisse bei sich, da er 1989 über die ungarische Grenze geflohen sei. Der Malermeister ist froh, daß er einem Übersiedler helfen kann, außerdem sucht er seit langem dringend nach einem Mitarbeiter. Er stellt ihn ein und will ihn am ersten Tag in eine Wohnung schicken, wo er Rauhfasertapete tapezieren soll. „Das kann ich nicht!" – „Warum nicht?" – „In der DDR hatten wir keine Rauhfasertapete!" – Der Meister zeigt seinem neuen Mann, wie Rauhfaser tapeziert wird, und schickt ihn am nächsten Tag, die Tapete nach dem Trocknen zu streichen. „Das kann ich nicht!" – „Warum nicht?" – „In der DDR hatten wir doch nie Farbe!" Da reicht es dem Meister: „Als Maler sind Sie nicht zu gebrauchen. Aber ich kann Ihnen eine Lehrstelle bieten." Der angebliche Maler lehnt mit der Begründung ab, er wolle schließlich hier im Westen richtig Geld verdienen, und versucht sein Glück beim zweiten Maler in Ahlen. Da es sich aber um eine kleine Stadt handelt, ist das Gerücht von seiner Unfähigkeit schnell dorthin gedrungen, so daß er dort nicht eingestellt wird, ebensowenig im dritten Betrieb. Nach ein paar Tagen soll der Mann wieder in die DDR zurückgekehrt sein.

Erzählt am 4. September 1990 von einer Völkerkundlerin, 27, in Göttingen, die aus Ahlen stammt und die Geschichte dort mehrfach gehört hat.

Variante b

Im Oktober 1989 hat ein Bauunternehmer in Wilhelmshaven vier Übersiedler aus der DDR eingestellt. Bei uns will ja kaum noch jemand auf dem Bau arbeiten. Am Anfang ging auch alles ganz gut, aber nach einigen Tagen fiel kurz vor Arbeitsschluß der Bagger aus. Bei Arbeitsbeginn am nächsten Morgen war keiner der Arbeiter aus der DDR da. Wütend fuhr der Chef zu deren Wohnung. Dort saßen sie alle vier zusammen bei einem gemütlichen Frühstück. Auf die Frage ihres Chefs, warum sie nicht zur Arbeit gekommen seien, sagten sie verständnislos, der Bagger sei doch kaputt. Als der Bauunternehmer ihnen erklärte, daß er natürlich schon längst wieder repariert sei, schauten sie ungläubig: Bei ihnen in der DDR habe eine solche Reparatur immer mindestens eine Woche gedauert!

Erzählt im Mai 1990 von einem Studenten in Hamburg, aufgezeichnet von Birte Asmuß. Eine ähnliche Szene soll sich nach Angaben eines Bekannten bei Bonn zugetragen haben. Diese und viele verwandte Erzählungen über die Arbeitsmoral von DDR-Bürgern und der DDR-Betriebe sind Ausdruck westdeutscher Überlegenheitsgefühle gegenüber der ehemaligen DDR. Typisch an diesen Erzählungen ist, daß eine einzelne Begebenheit stellvertretend für eine große Menschengruppe steht und daß bestehende Vorurteile mit Hilfe solcher „Tatsachenberichte" verstärkt werden.

11. Wettfahrt von Trabi und Wartburg

Zwei Autofahrer aus Halberstadt in der DDR nahmen vor einiger Zeit an einer Rallye in Rostock teil, der eine mit einem Trabant, der andere mit einem Wartburg, beide Wagen mit frisiertem Motor. Auf dem Rückweg wollten sie eine Wettfahrt veranstalten, um festzustellen, wer von beiden als erster zu Hause ankäme. Der Trabi bekam eine Vorgabe von einer Stunde und fuhr los. Auf halbem Weg geriet er auf der Landstraße in eine Radarkontrolle der Volkspolizei. Die Polizisten teilten ihm mit, statt der erlaubten 80 km/h hätten sie 135 km/h bei ihm gemessen. Darauf fragte der Fahrer sie: „Haben Sie schon einmal einen Trabi gesehen, der 135 km/h fahren kann?" – „Eigentlich nicht!" – „Dann wird ja wohl mit Ihrer Radaranlage etwas nicht stimmen!" Mit diesem Argument konnte er ungeschoren weiterfahren.

Nach einer Weile fuhr der Wartburg mit 155 km/h durch die gleiche Radarfalle und wurde ebenfalls gestoppt. Der Fahrer argumentierte auf die gleiche Weise wie sein Kollege: „Haben Sie schon einmal einen Wartburg mit 155 km/h gesehen?" – „Sie haben recht, vorhin haben wir schon einen Trabi mit 135 km/h gemessen, unser Gerät ist wohl nicht in Ordnung." Auch der Wartburg durfte weiterfahren.

Quelle: Erzählung eines 42jährigen Ingenieurs aus Ostberlin am 12. Juli 1990 in Göttingen. Er hat die Geschichte Mitte der siebziger Jahre in Halberstadt von einem Kollegen gehört, der die beiden Fahrer kannte. Der Erzähler versichert, es gebe die beiden Fahrer wirklich, und er sei ihnen auch selbst begegnet.

Nicht nur in der modernen Sage, sondern auch im Witz gelten Trabi-Fahrer gelegentlich als besonders clevere Chauffeure. Zu diesem im ersten Drittel des Jahres 1990 in der Bundesrepublik sehr populären Genre vgl. Brednich 1990 b.

Einige Beispiele für Trabi-Witze:

Der Trabi wird von einem Porsche abgeschleppt. „Wenn ich zu schnell fahre, machen Sie Lichthupe, wenn ich zu langsam fahre, blinken Sie!" Ein Mercedes überholt den Porsche, daraufhin setzt der Porsche seinerseits zum Überholen an. Als sie mit 220 km/h nebeneinander herfahren, sagt der beobachtende Polizist auf der Autobahnbrücke zum anderen: „Hast du das gesehen, ein Trabi mit 220 auf der Überholspur mit Lichthupe und Blinker, und der Porsche will ihn nicht vorbeilassen!"

Ein Trabi-Fahrer hält im Westen an einer Tankstelle und sagt zu dem Tankwart: „Ich hätte gern für meinen Trabi zwei neue Scheibenwischerblätter." Der Tankwart geht um den Trabi herum und überlegt kurz, dann sagt er: „Gut, das ist ein fairer Tausch."

Zwei Amerikaner in Phoenix treffen sich und sprechen über Autos. Sagt der eine: „Ich habe gelesen, es gibt in Deutschland ein Auto, auf das muß man acht Jahre warten. Es ist gute deutsche Handarbeit und heißt Trabant, das habe ich mir bestellt." Als die Bestellung in Zwickau ankommt, herrscht große Aufregung: „Da will einer aus Amerika unser Auto haben! Den müssen wir natürlich sofort beliefern!"

Ein halbes Jahr später treffen sich die beiden Amerikaner in Phoenix wieder. Fragt der eine: „Na, hast du schon etwas aus Deutschland von deinem Auto gehört?" Sagt der andere: „Stell dir mal vor, die haben mir schon ein Modell aus Pappe geschickt, und was das Beste ist, es fährt sogar!"

Warum heißt der Trabi Trabi? – Wenn er schneller wäre, müßte er Galoppi heißen.

(Quelle: Brednich 1990 b)

II. Auto und Verkehr

12. Die Maus im Jumbo-Jet

Soll ich euch erzählen, was ich kürzlich von einer Kollegin gehört habe? Sie ist wie ich als Stewardeß tätig und regelmäßig auf verschiedenen Überseerouten unterwegs. An einem Tag kommt in Frankfurt vor dem Abflug nach New York ein kleines Mädchen an Bord, das trägt so ein Schild um den Hals, das besagt, daß es ohne Begleitung reist. Wir nennen Passagiere dieser Art UMPs (Unaccompanied Minor Passengers). Um die kümmern wir uns gewöhnlich ganz besonders. Das besagte Mädchen brachte eine kleine Schachtel mit und hielt diese immer fest an seine Brust gepreßt. Nach dem Start sucht also meine Kollegin gleich Kontakt mit dem Mädchen, bringt ihm Bilderbücher, fragt nach seinem Reiseziel, und schließlich will sie natürlich auch wissen, was in der Schachtel verborgen ist, die das Mädchen nicht aus der Hand legen will. „Da ist meine Maus drin!" – „Das glaube ich nicht! Außerdem weißt du sicher, daß es verboten ist, lebende Tiere mit ins Flugzeug zu nehmen!" – „Doch, da ist meine Maus drin, willst du sie einmal sehen?" Das Mädchen hebt den Deckel der Schachtel etwas an, im gleichen Augenblick springt die Maus mit einem Satz heraus und verschwindet sofort unter dem Sitz. Jetzt gab es bei der Besatzung natürlich große Aufregung. Vom Kapitän kam die Weisung, die Maus müsse unbedingt eingefangen werden. Aber in einem vollbesetzten Jumbo gibt es so viele Schlupfwinkel, daß es sich als unmöglich erwies, das Tier vor der Landung in New York ausfindig zu machen. Auch nach dem Aussteigen der Passagiere blieb eine stundenlange Suche nach der Maus ohne jeden Erfolg. Es blieb deshalb nichts anderes übrig, als die Maschine in einen Hangar zu bringen, den Kammerjäger zu bestellen und das ganze Flugzeug mit Gift zu behandeln, denn es bestand die Gefahr, daß die Maus ein Kabel durchgebissen hätte und die Maschine auf dem Weiterflug in Schwierigkeiten geraten wäre. So stand der Flieger zwei Tage am Boden, und die Maus hat die Fluggesellschaft viel Geld gekostet.

Quelle: Flugbegleiterin der Lufthansa aus Frankfurt, 31, bei einem Besuch in Göttingen im November 1989 bei einer Geburtstagsfeier ihrer Schwester.

Mäuse und andere Nager finden tatsächlich an den süß schmekkenden Weichmachern von Kabelisolierungen großen Geschmack und haben schon manchen Kurzschluß verursacht. Schwierig dürfte es aber sein, die Fluggesellschaft ausfindig zu machen, deren Jumbo zwei Tage auf dem John-F.-Kennedy-Airport in New York von einem Kammerjäger behandelt wurde. Deshalb rücken wir diese Erzählung eher in die Nähe der modernen Sagen als in die der wahren Geschichten. Daß sagenhafte Geschichten der Gegenwart viel mit Angst zu tun haben, gilt auch für das vorliegende Beispiel: aus ihm spricht die Furcht, daß in unsere perfekte Welt der Technik jederzeit von irgendwoher unerwartet die Gefährdung einbrechen und den routinemäßigen Ablauf des Lebens bedrohen kann, und sei es auch nur in Gestalt einer harmlosen entlaufenen Maus.

13. Das verschlossene Cockpit

Zwischen Singapur und Bali verkehren die Flugzeuge der Garuda Airlines, einer lokalen Luftverkehrsgesellschaft, die vorwiegend abgetakelte Maschinen anderer Unternehmen einsetzt. In einem dieser Flugzeuge ist im vorigen Jahr folgendes passiert: Nach dem Start in Singapur stellte der Kapitän die Maschine auf Autopilot und begab sich mit seinem Copiloten hinaus zu den Passagieren, um sich mit ihnen zu unterhalten und Kaffee zu trinken. Als es Zeit wurde, die Maschine zur Landung klar zu machen, wollten die beiden Piloten zurück ins Cockpit, aber zum Schrecken von Mannschaft und Passagieren ließ es sich nicht öffnen; keiner der beiden hatte den Schlüssel dafür bei sich. Als alle Versuche, die Tür zu öffnen, fehlschlugen, mußte der Kapitän die Scheibe am Notausgang einschlagen und die Notaxt benutzen, um sich gewaltsam Zugang zum Steuerknüppel zu verschaffen. Die Erzählerin fügt noch hinzu: Ich bin einmal mit dieser Airline geflogen und werde dies nie wieder tun.

Quelle: Erzählt von einer 36jährigen Buchhändlerin aus Göttingen im April 1990, die gerade von einer Ostasienreise zurückkam und diese Geschichte unterwegs gehört hat.

Es gibt eine ganze Reihe von kleineren Luftverkehrsgesellschaften oder Charter-Unternehmen, auch in Europa, bei denen sich dieser Fall ereignet haben soll, z. B. bei der britischen Monarch auf dem Flug von London nach Mallorca. Die Story gehört eindeutig zu den internationalen Wandersagen. Smith (1983, 63) kennt die Geschichte aus England, Brunvand hat mehrere amerikanische Varianten dazu mitgeteilt und ihre Verbreitung seit 1978 nachgewiesen (Brunvand 1989, 48–50). Die Sage trägt dazu bei, das Vertrauen der Passagiere in die vollautomatische, computergesteuerte Technik der neuen Großflugzeuge zu erschüttern, ähnlich wie der folgende Witz: Der Bordcomputer verkündet bei einem Überseeflug den Passagieren, der Autopilot sei eingeschaltet, und alle Systeme seien in Ordnung ... in Ordnung ... in Ordnung ...

14. Der Erstflieger

Ein älterer Herr unternimmt zum ersten Mal in seinem Leben eine Flugreise. Er will von Frankfurt nach Chicago fliegen, um Verwandte in den USA zu besuchen. Er ist sehr aufgeregt, denn alles im Flughafen, bei der Abfertigung und beim Betreten des Flugzeuges, ist neu für ihn. Durch das Bordfenster sieht er vor dem Abflug seine Tochter, die ihn zum Flughafen gebracht hat, auf der Besucherterrasse stehen und winken. Er möchte gerne zurückwinken, aber das geschlossene Kabinenfenster hindert ihn daran. Irgendwie kriegt er es fertig, das Fenster tatsächlich zu öffnen und hinauszuwinken, mit dem Erfolg, daß sich der Abflug der Maschine um Stunden verzögert.

Erzählt von einer Volkskundlerin, 27, Mitarbeiterin an einem großen westdeutschen Museum, am 19. August 1990 in Göttingen. Sie hat diese Geschichte von Bekannten gehört, sie soll aber auch in einer westdeutschen Illustrierten gestanden haben.

Natürlich handelt es sich um eine moderne Sage, denn die Kabinenfenster in den Boeings und DCs sind stabil genug, um dem Abschiedsschmerz älterer Reisender zu widerstehen. Nicht ganz so unwahrscheinlich ist eine ähnliche Geschichte, die ich in der gleichen Woche von einer Redakteurin des Westdeutschen Rundfunks bei Radio Dortmund gehört habe: Eine chinesische Delegation hat an Bord einer Maschine Platz genommen, die sie zum ersten Mal in ihrem Leben nach dem Westen fliegen soll. Der Abflug verzögert sich aber, denn die Delegationsmitglieder öffnen kurz vor dem Takeoff die mittlere Tür, weil sie mehr Frischluft in der Kabine haben wollen.

15. Fliegendes Eis

Ein fußballgroßer Eisblock besonderer Qualität ist am Freitag nachmittag auf ein Wohnhaus in der nordrhein-westfälischen Gemeinde Vettweiß gestürzt. Bei dem unerbetenen, anrüchigen „Himmelsgeschenk" handelt es sich um die gefrorenen Fäkalien aus der Toilette eines Passagierflugzeugs. Das jedenfalls ergaben am Samstag die Ermittlungen von Kriminalpolizei und Feuerwehr. Dach und Kamin des Wohnhauses wurden durch den Einschlag erheblich beschädigt. Die drei Hausbewohner waren zum Zeitpunkt des Unglücks im Garten und kamen mit dem Schrecken davon.

Quelle: „Die Siebte am Sonntag", Göttingen, 26. August 1990.

Diese in einer Göttinger Sonntagszeitung abgedruckte Erzählung ist kein reines Phantasieprodukt, denn die Luftverkehrsgesellschaften und ihre Techniker bestätigen, daß die Toilettensysteme der Flugzeuge mitunter undicht sind und sich an der Außenseite das sogenannte Blue Ice bildet, welches sich beim Eintauchen der Maschine in wärmere Luftschichten vor der Landung löst und als Fäkalienbombe zur Erde fällt (vgl. Lloyd 1990/92). Wenn allerdings solche Nachrichten in der Presseberichterstattung geradezu inflationär auftreten, rücken sie durchaus in die Nähe der modernen Sagen. Deshalb haben auch andere Herausgeber von Erzählsammlungen Texte dieser Art berücksichtigt, z. B. Portnoy (1987, Nr. 130) in Holland, wiederabgedruckt bei Klintberg (1990, Nr. 75). Literarisch verarbeitet ist das Thema in dem Roman von David Lodge, „Changing Places. A Tale of Two Campuses", London 1975, S. 166.

Eine weitere Variante entnehmen wir der Münchner „Abendzeitung" vom 22. November 1990. Unter der Schlagzeile „Nicht nur Gutes kommt von oben" wird aus „Elkhorn/Wisconsin" folgendes berichtet:

Eine Eisbombe besonderer Art durchschlug das Dach einer Straßenmeisterei in Elkhorn/Wisconsin. Die beiden Angestellten hörten einen Knall und sahen, daß das Dach durchschlagen war. Bei näheren Hinsehen fand sich eine zersplitterte Eisbombe, die aus menschlichen Exkrementen bestand. Offenbar handelte es sich um den Auswurf eines Flugzeugs. Normalerweise werden Flugzeug-Toiletten am Boden geleert."

16. Die verschwundene Anhalterin

Variante a

Auf der Bundesstraße 27 zwischen Waake und Göttingen hat einmal ein Mann eine Anhalterin mitgenommen. Das Mädchen hat sich mit ihm unterhalten, hat ihm sogar ihre Adresse genannt. Plötzlich war sie verschwunden. Er wußte nur, daß sie während der Fahrt nicht ausgestiegen sein konnte, weil er nicht angehalten hatte. Er ist dann etwas später zu der Adresse gefahren, die sie ihm genannt hatte. Dort war aber nur ihre Mutter. Die fragte ihn genau, wo und wann er ihre Tochter mitgenommen habe. Darauf sagte sie, daß ihre Tochter im vergangenen Jahr genau an dem

Ort und zu der Tageszeit bei einem Unfall auf der B 27 getötet worden sei.

Quelle: Erzählung einer 35jährigen Hausfrau bei einem Treffen in einem Göttinger Kindergarten im Juli 1990. Sie hatte die Geschichte von einer Angestellten ihres Mannes erfahren. Aufzeichnung: Angelika Netzband-Knopp.

Diese Erzählung ist ein Klassiker unter den modernen Sagen. Unter den Anhaltergeschichten in der „Spinne in der Yucca-Palme" (Nr. 4–7) fehlte sie, da uns bei der Vorbereitung dieser ersten Sammlung noch keine geeignete mündliche Aufzeichnung vorlag. Nun ist sie in der nächsten Umgebung von Göttingen aufgetaucht, wo sie auf einer vielbefahrenen Ost-West-Verbindung lokalisiert wird. Es handelt sich um eine Sage von weltweiter Verbreitung. Ihre Glaubwürdigkeit wird in vielen Varianten noch dadurch erhöht, daß von Kleidungsstücken oder sonstigen Gegenständen die Rede ist, die die Anhalterin als Beweis ihrer Anwesenheit im Wagen zurückläßt. In anderen Fällen entpuppt sich die Anhalterin als eine Abgesandte des Erzengels, die den bevorstehenden Weltuntergang prophezeit oder vor den Gefahren des modernen Straßenverkehrs warnt.

Zum Vergleich drucken wir eine ausführlicher erzählte Variante aus Israel ab.

Variante b

Ein Autofahrer fährt in einer regnerischen Winternacht auf der Schnellstraße, die von Jerusalem nach Haifa führt. Wegen Dunkelheit und starken Regens hat er seine Geschwindigkeit sehr gedrosselt. An einer der Sammelstationen für Soldaten bemerkt er gerade noch eine verschwommene Gestalt und bringt seinen Wagen zum Stehen. In das Auto steigt eine durchnäßte Soldatin ein. Der Fahrer läßt sich auf ein Gespräch mit ihr ein. Sie erzählt, daß sie sich auf dem Heimweg von ihrer Militärbasis nach Ramat Gan befinde und daß sie keine Möglichkeit habe, anders als durch Autostopp nach Hause zu kommen. Die Fahrt verläuft bei angenehmem Gespräch, doch hat der Fahrer wegen des winterlichen Wetters die ganze Zeit Schwierigkeiten, den Wagen zu lenken. Als sie sich Ramat Gan nähern, sagt der Fahrer dem jungen Mädchen, daß er sie bei diesem Wetter und dieser Finsternis bis zu ihrem Haus bringen werde und daß er sie nicht von der Schnellstraße bis dorthin zu Fuß gehen lasse. Sie sagt ihm ihre Adresse. Als sie sich vor dem Haus befinden, hält der Fahrer an und will dem jungen Mädchen sagen, daß sie angekommen seien und daß sie aussteigen könne. Zu seiner Überraschung entdeckt er, daß sie sich nicht mehr im Auto befindet und nur noch ihre Militärjacke auf dem Sitz liegt. Erschrocken und erregt klopft er an die Tür des Hauses und erzählt der Frau, die ihm öffnet, was sich ereignet hat. Sie bittet ihn einzutreten und erzählt ihm, daß ihre Tochter vor drei Jahren als Soldatin bei einem Verkehrsunfall auf dem Schnellweg Jerusalem–Haifa umgekommen sei. Seit dieser Zeit erschienen vor allem in finsteren und regnerischen Nächten wie der, in der sie getötet wurde, immer wieder Fahrer, die erzählten, daß sie sie in ihrem Auto als Anhalterin mitgenommen hätten und daß sie verschwunden sei. Sie brächten ein Stück ihrer Kleidung, das sie vor ihrem Verschwinden im Wagen zurückgelassen habe.

Quelle: Shenhar 1985, 246 (eine von 26 Fassungen, die die Autorin gesammelt hat). Weiterführende Literatur zu diesem Sagentyp findet sich bei Brunvand 1983, 30–45, der 15 Varianten des „Vanishing hitchhiker" abdruckt.

17. Reich muß man sein!

Variante a

Ein älterer Herr mit einem Mercedes der gehobenen Klasse bemüht sich auf dem Campus der Frankfurter Universität etwas umständlich und behäbig, seinen Wagen in eine Parklücke zu bugsieren. In diesem Augenblick kommt ein Student mit einem Fiat 500, erkennt seine Chance und parkt vor der Nase des älteren Herrn gekonnt und zügig ein. Im

Vorbeigehen sagt er etwas hämisch zu dem Daimler-Fahrer: „Ja, jung muß man sein, flink muß man sein!" Darauf legt der Angesprochene den Rückwärtsgang ein, fährt langsam gegen den Fiat und zerdrückt ihn genüßlich wie in einer Schrottpresse. Zu dem entsetzt zurückeilenden Fiat-Fahrer sagt er grinsend: „Tja, alt muß man sein, reich muß man sein!" Zückt seine Brieftasche und zahlt dem Studenten den Schaden.

Die Geschichte spielt in den fünfziger Jahren auf dem Campus der Universität Frankfurt a. M. Sie wurde von einem älteren Mediziner aus Wesseling-Urfeld eingesandt, der in Frankfurt studiert hat. Er hörte sie von einem Kommilitonen, der Augenzeuge gewesen sein will.

Diese Erzählung ist aus mehreren westdeutschen Städten bekannt. Die Struktur der verschiedenen Varianten bleibt dabei stets gleich: Die Konfrontation findet immer zwischen einem schwerreichen älteren Herrn mit seinem Statussymbol und einem jüngeren Studenten mit Kleinwagen statt. Für die Verbreitung kommen daher auch mehr die Angehörigen der arrivierten Jahrgänge in Betracht, die sich mit dieser Geschichte offenbar bestens identifizieren können. Was sich zunächst als typisch deutsche Autofahrererzählung ausnimmt, ist nichtsdestoweniger internationales Wandergut, das auch aus Holland (Portnoy 1987, Nr. 71) und Finnland (Virtanen 1987, 140) berichtet wird und seinen Weg sogar in die USA (Brunvand 1986, 67) und ins ferne Australien (Bishop 1988, 50) gefunden hat, wo einer Zeitungsmeldung im Sydney Morning Herald's von 1983 zufolge ein Volvo-Fahrer einen Kleinwagen der Marke Torana auf die gleiche Weise beim Kampf um den Parkplatz zerquetscht haben soll.

Im Anschluß an die Erstveröffentlichung des obigen Textes im Jahre 1991 hat mir der Leser Lars Schruwe aus Bad Schwartau/ Schleswig-Holstein ein anschauliches Beispiel dafür geliefert, daß sich manche Geschichtenerzähler mit ihrer Geschichte sehr stark identifizieren und dabei vergessen, daß sie sie eigentlich von anderen übernommen haben. Der Text wird dann nicht mehr als fremd empfunden, sondern – durch Phantasien und Erinnerungen angereichert – mit der eigenen Lebensgeschichte verflochten. Der betreffende Leser schrieb mir am 7. 10. 1992:

„Mein bester Freund und Arbeitskollege, V. J., dessen Glaubwürdigkeit über jeden Zweifel erhaben ist, erzählte mir diese Geschichte im Sommer 1988. Sie sei angeblich im Beisein von zwei gemeinsamen Arbeitskollegen in Hamburg passiert. Ich glaubte der ganzen Sache, da a) Herr J. ein hervorragender Erzähler ist und b) die beiden Arbeitskollegen, die ich auch kannte, Typen waren, denen laufend irgend etwas passierte. Leider bin ich nie auf die Idee gekommen, die beiden selbst über diese Sache zu befragen. Mich hat diese Geschichte dermaßen fasziniert, daß ich sie, der ich eigentlich nie etwas erlebe, zu meiner eigenen Story machte und nach Ablauf einer ‚Schutzfrist‘ selbst derjenige war, der die Geschichte erlebt hat. Ich war hundertprozentig von ihrer Wahrheit überzeugt, und deshalb machte es mir nichts aus, mich durch eine kleine Flunkerei zum wahren Zeugen der irrsinnigen Szene zu machen. Diese Geschichte war auf jeder Fete der Renner, und wenn jemand bemerkte, er hätte sie schon einmal gehört (z. B. mit einer ‚Ente‘ auf Sylt), so konnte ich doch letztlich alle von der Rechtmäßigkeit ‚meiner‘ Geschichte überzeugen. Im Zweifelsfalle hätte ich immer noch auf die beiden Arbeitskollegen, die ‚wirklich‘ dabeigewesen waren, verweisen können. Aber soweit kam es nicht. Um so größer war mein Schock, diese meine Geschichte als moderne Sage in Ihrem Buch wiederzufinden. Bevor ich nun von Freunden und Bekannten dafür gelyncht werde, stelle ich mich hiermit selbst und klage mich der groben Flunkerei an. Ich gelobe Besserung! Jeder will mal im Mittelpunkt stehen, und ob wahr oder nicht: Was haben wir gelacht!

Und hier ist ‚meine‘ Geschichte:“

Variante b

An einem Samstag fuhren mein Freund B. und ich in seinem Wagen nach Hamburg, um ein wenig den ‚Dicken Max‘ zu spielen und mal ’n bißchen Blödsinn zu machen. Kennt uns ja keiner da... Gegen Mittag saßen wir in der Mönckebergstraße auf der Motorhaube seines alten Ford Granada, aßen ’ne große Pommes und genossen die Herbstsonne. Wir staunten nicht schlecht über den alten, schwarzlackierten 65er Benz mit Heckflosse, der gerade dabei war,

in der Parklücke hinter unserem Wagen rückwärts einzu-
parken. ‚Astreine Kiste!‘ sagte B. In diesem Moment aber
sauste ein weißblauer Opel Manta mit Spoiler und Pipapo
mit nicht wenig Geschick in diese Parklücke, und der
Chauffeur rief dem Benz-Fahrer durch das offene Fenster
zu: ‚Ja schnell muß man sein!‘ Allein diese Geschichte war
schon cool, aber es ging noch weiter: Der Benz setzte ein
paar Meter vor, um dann den Rückwärtsgang einzulegen
und volle Elle mit der verchromten Stoßstange dem Manta
in die Tür zu heizen. Es krachte tierisch. Der Manta-Fahrer
glotzte ziemlich verstört durch das geöffnete Fenster auf
seine Tür: ‚Mein Sonderlack, mein Sonderlack!‘ jammerte
er verzweifelt. Der Benz-Fahrer, ein normaler Typ Mitte
dreißig, stieg aus seinem Wagen und überreichte dem ver-
wirrten Manta-Fahrer seine Visitenkarte mit den Worten:
‚Reich muß man sein!‘ Bei dem Wort ‚reich‘ rollte er das ‚R‘
so richtig schön genüßlich, so wie das wahrscheinlich nur
Reiche können. B. und ich sind dann nach Hause gefahren.
Wir brauchten für die Strecke Hamburg – Husum vier Stunden, da wir immer wieder rechts ranfahren mußten vor lauter Lachen… Ja, genau so war es!“

18. Der Elefant auf dem Volkswagen

Wenn früher in den fünfziger Jahren der Zirkus in unsere
Stadt kam, war dies ein großes Ereignis für Erwachsene und
Kinder. Zuerst wurden das große Zelt für die Aufführungen
und die vielen kleinen Zelte für die Tierschau aufgeschlagen,
und anschließend wurden die Tiere vom Bahnhof abgeholt
und in einem kleinen Umzug zum Festplatz gebracht. Voraus marschierte die Zirkuskapelle, die Clowns machten ihre
Späße, und mit Handzetteln wurde kräftig für die Vorstel-
lungen geworben. Mitten im Zug wurde stets die prächtige
Elefantenfamilie mitgeführt.

In einem Jahr ist dann bei dieser Gelegenheit folgendes passiert: Einer der Elefanten war abgerichtet, sich bei einer bestimmten Melodie, die die Kapelle spielte, auf einem kleinen roten Podest auf seine Hinterbeine zu stellen und sich dann mit dem Hinterteil darauf niederzulassen. Die Kapelle spielte das Stück gerade in dem Augenblick, als der Zug an einem knallroten VW-Käfer vorbeikam. Der Elefant schaute sich nach seinem Podest um, sein Blick fiel auf den Käfer, und jetzt kann man sich denken, was kommt: Er drückte den Wagen auf die Hälfte seiner Größe zusammen!

Erzählt von einem Studienrat aus Schwäbisch Hall bei einem Abituriententreffen in Tübingen im Sommer 1964, aus dem Gedächtnis vom Herausgeber aufgezeichnet.

Die amüsante Story machte in den fünfziger und sechziger Jahren durch viele europäische Länder die Runde, wobei lediglich die Marke der jeweils vorherrschenden Kleinwagen (Fiat, Austin Mini) ausgetauscht wurde. Brunvand hörte die Geschichte zuerst in München und verfolgte sie weiter in die USA (Brunvand 1984, 58–61). Smith (1983, 27) berichtet, daß die Geschichte damals in Schweden so populär war, daß ein Automobilhändler mit Fotos warb, die einen Elefanten auf einem Volkswagen zeigten. Auch die Publikationen der Arbeitsgruppe „Contemporary Legends" der Universität Sheffield zeigen den Elefanten auf dem Kleinwagen als Signet.

Später ist die Geschichte vom Elefanten auf dem Volkswagen mit der Erzählung vom Elefanten im Safaripark („Die Spinne in der Yucca-Palme" Nr. 22) vermischt worden. Ein Angehöriger der Universität Konstanz hat um 1969 folgendes berichtet: In der Schweiz fährt im Jahre 1969 ein Bundesbürger mit seinem VW hinter einer Zirkusparade her. Den Schluß der Parade bildet ein langsam schreitender Elefant. Unbeabsichtigt berührt der Autofahrer mit seiner Stoßstange den Elefanten. Dieser ist abgerichtet, sich nach einem Stoß an die Ferse zu setzen, und läßt sich daraufhin auf dem Vorderteil des VW nieder, was für das Fahrzeug nicht ohne Folgen bleibt. Bei der Wiedereinreise in die Bundesrepublik bei Lörrach antwortet der Fahrer auf die Frage, woher die Delle an seinem VW stamme, ein Elefant habe sich daraufgesetzt. Der Mann bekam deshalb einige Schwierigkeiten mit den Behörden.

(Einsendung von Gertraud Schleichert, Dipl.-Psychologin, 56, aus Wien mit Brief vom 7. 5. 1990).

19. Der Außenspiegel

In meinem Klientenkreis als Steuer- und Wirtschaftsprüfer habe ich von Notärzten und Sanitätern die folgende Geschichte mehrfach gehört. Sie spielt stets im Raum Main-Wiesbaden-Taunusstein. In dieser Gegend wurden einmal Sanitäter zu einem Unfall gerufen. Sie nahmen das Unfallopfer liegend auf und schickten sich an, es in schneller Fahrt in die Uniklinik nach Mainz zu bringen. Am Mombacher Kreisel mußten sie von der Autobahn herunter, um von dort nach Mainz hineinzukommen. Wer sich dort auskennt, der weiß, daß dies eine gefährliche Kurve ist, aus der schon mancher herausgeflogen ist. Der Sanitätswagen rauscht mit überhöhter Geschwindigkeit in diese kritische Zone hinein, kippt um und knallt auf die eine Seite. Daraufhin hat sich zwischen dem Funker des Wagens und der Leitstelle folgender Dialog abgespielt: „Samba Taunusstein Nr. sowieso an Leitstelle, kommen!" – „Leitstelle an Samba Taunusstein, kommen!" – „Wir können die Weiterfahrt nicht aufnehmen, weil unser linker Außenspiegel kaputt ist." Leitstelle an Samba Taunusstein: „Reißen Sie den Außenspiegel ab und fahren sie weiter!" – „Samba Taunusstein an Leitstelle. Weiterfahrt nicht möglich, weil Abreißen des Spiegels sich als schwierig darstellt: Der Wagen liegt drauf!"

Erzählt am 13. 5. 1990 von einem Rundfunkhörer aus Mainz bei einem Telefonanruf in der Sendung „Talk about" des HR 3 über moderne Sagen, bei der ich mit zwei Studentinnen meiner Projektgruppe zu Gast war. Die Geschichte zum Themenkreis „Ein Unglück kommt selten allein" ist im Rhein-Main-Gebiet und darüber hinaus, z. B. auch im Kölner Raum, gut bekannt und weit verbreitet und wird stets mit Schilderung der genauen Umstände und den entsprechenden Wahrheitsbeteuerungen weitergegeben. Sie ist als

Meldung auch schon mehrfach durch die Presse gegangen und wird neuerdings auch in Kurzfassung als Witz erzählt. In ihrer Langform ist sie eine kleine Satire auf den Jargon im Notfunkverkehr.

20. Blechschaden

Das soll kürzlich in Braunschweig passiert sein: Auf einem Parkplatz nahe der Innenstadt ist ein Autofahrer – ich glaube, er fuhr einen BMW – beim Wegfahren aus der Parklükke an den benachbarten Wagen so stark drangefahren, daß es einen lauten Krach gab und der Kotflügel und das Rücklicht hin waren. Auf dem Parkplatz war gerade viel Betrieb, und mehrere Leute kamen dazu, um den Schaden zu begutachten, den der Fahrer angerichtet hatte. Da er es eilig hatte wegzukommen, riß er einen Zettel aus seinem Notizbuch, schrieb etwas drauf und klemmte ihn unter den Scheibenwischer des beschädigten Fahrzeugs. Später stellte sich dann heraus, daß der Mann eine große Unverschämtheit begangen hat. Auf dem Zettel stand nämlich: „Hier stehen viele Leute, die meinen, ich schreibe meine Adresse auf, aber ich tue es nicht!"

Erzählt im Spetember 1989 in Hannover von einem 37jährigen Angestellten aus Braunschweig, dessen Kollege Zeuge dieses Vorfalls gewesen sein will.

In dieser Erzählung wird eine fast schon alltägliche Situation aus dem Straßenverkehr beschrieben, und man ist versucht anzunehmen, daß sich ein solcher Vorgang wirklich ereignet haben könnte, und zwar durchaus mehrfach. Der Erzählforscher muß dieser Annahme allerdings die Tatsache entgegenhalten, daß sich die Szene, so wie sie in der obigen Geschichte beschrieben wird, nie so oft ereignet haben kann, wie sie bei Partys oder an Stammtischen erzählt wird. Die Erzählung von diesem Trickbetrug ist in ihrer Verbreitung nicht auf Deutschland beschränkt, sondern ist aus England (Smith 1983, 78), Finnland (Virtanen 1987, 42) sowie aus Schweden (Klintberg 1990, 242) belegt und auch in den USA bekannt

(Brunvand 1989, 118–120 „The Dishonest Note"): Dort lautet die Nachricht an der Windschutzscheibe „Sorry, you louse! Ha, ha!" oder einfach nur „Sorry!"

21. Das Hochzeitsauto

Im Delbrücker Land bei Paderborn ist es Sitte, daß bei der standesamtlichen Trauung die Bekannten das jungvermählte Paar unmittelbar vor dem Standesamt mit einem Geschenk oder einem geistreichen Streich überraschen. So wurde bei unserer eigenen Trauung das Cabriolet meines Mannes mit Luftballons gefüllt, in eine riesige weiße Folie verpackt und mit einem großen Schild „Just Married" versehen.

Einem Vetter meines Mannes ist bei einer solchen Aktion folgendes passiert: Als er mit seiner Braut das Standesamt verließ, sah er an der Stelle, an der vorher sein Daimler gestanden hatte, nur einen riesigen weißen Haufen. Als Ortsansässiger wußte er sofort, daß diese Überraschung ihm galt. Der große weiße Berg entpuppte sich tatsächlich als sein Benz, der über und über mit Rasierschaum bedeckt worden war. Er bedankte sich für diese einfallsreiche Überraschung und lud den feixenden Freundeskreis zu einem Drink ein.

Nach den Hochzeitsfeierlichkeiten fuhr er am nächsten Werktag mit seinem Wagen in eine Waschanlage, um die eingetrockneten Rasierschaumreste loszuwerden. Der Wagen wurde wieder sauber, aber sein Besitzer staunte nicht schlecht, als das Auto am Ende der Waschstraße in schlichter Blechtönung vor ihm stand. Der Rasierschaum hatte nämlich die gesamte Farbe des Wagens abgelöst.

Aufgezeichnet und mitgeteilt von einer Studentin der Kunstgeschichte in Göttingen im Mai 1990 aufgrund der Erzählung ihres Mannes. In den USA werden solche „practical jokes" genannten Streiche bei der Hochzeit von allen Brautpaaren gefürchtet, auch bei uns nehmen sie allmählich amerikanische Dimensionen an. Es ist bezeichnend, daß sich viele dieser Geschichten mit dem Lieblingsspielzeug des modernen Menschen, dem Automobil, beschäftigen. Die Erzählungen von ausgeschäumten oder sonstwie präparierten Hochzeitskarossen sind Legion; der obige Text steht stellvertretend für ein ganzes Genre.

22. Sitzprobleme

Ein Immobilienmakler aus Göttingen hatte sich einen sündhaft teuren Sportwagen bestellt, der mehr als ein Jahr Lieferzeit hatte. Als er den neuen Wagen endlich bekam, war er inzwischen so fett geworden, daß er kaum noch hinter das Steuer paßte. Er zwängte sich trotzdem auf den Fahrersitz, und als er endlich hinter dem Steuer saß, konnte er nicht wieder heraus. Es konnte ihm auch kein anderer helfen, so fest saß er. Mechaniker der Autofirma mußten kommen und das Lenkrad abschrauben, um ihn zu befreien. Das Auto hat er dann ungefahren wieder verkauft.

Diese Begebenheit erzählte eine 41jährige Hausfrau aus Göttingen bei einer Geburtstagsfeier im August 1990. Aufgezeichnet wurde sie von Angelika Netzband-Knopp.

23. Dreimal geblitzt

Ein Student aus Karlsruhe hat einen Freund, dem ist Anfang des vorigen Jahres folgendes passiert: Er fuhr auf einer Landstraße in Nordbaden und wurde von einem entgegenkommenden Fahrer durch Lichthupe vor einer Radarfalle gewarnt. Er reduzierte sein Tempo und fuhr mit vorschriftsmäßiger Geschwindigkeit an der Radarfalle vorbei, die er leicht erkennen konnte, weil sie nicht besonders gut getarnt war. Trotz seiner Vorsicht löste er den Blitz der automatischen Kamera aus. Darüber war er sehr erstaunt, wendete und fuhr erneut mit noch geringerer Geschwindigkeit an der Radarfalle vorbei, wobei aber wiederum ein Blitz ausgelöst wurde. Völlig verblüfft fuhr er schließlich noch ein drittes Mal im Schneckentempo von 20 km/h an der Radarfalle vorbei, und erneut blitzte es. Jetzt war er davon überzeugt, daß mit dem Apparat etwas nicht stimmte. Um so erstaunter war er, als er nach drei Wochen gleich drei Strafzettel auf einmal erhielt. Das Delikt: Fahren ohne Anschnallgurt. Die Beweismittel: Drei Blitzlichtfrontalfotos.

Diese moderne Gegenwartserzählung kursiert derzeit in vielen Varianten in Westdeutschland. Die obige Aufzeichnung stammt aus einer Leserzuschrift vom Mai 1990 aus Gießen. In dem Bestreben, sich besonders korrekt zu verhalten, reagiert der „Held" dieser Geschichte genau falsch. Da er keinerlei Unrechtsbewußtsein hat, trifft ihn die dreifache Strafe um so unvermittelter. Zur Überlistung solcher Radarfallen hat die Textilindustrie jetzt T-Shirts mit aufgedrucktem Sicherheitsgurt auf den Markt gebracht.

24. Im schottischen Nebel

Ein Freund hat neulich von einem Bekannten eine merkwürdige Geschichte gehört. Sie spielt in Schottland, wo wie in England oft dichter Nebel herrscht. Bei einem solchen Wetter fuhren zwei Autos auf einer einsamen Landstraße in entgegengesetzter Richtung. Da keiner der Fahrer den Mittelstreifen sehen konnte, hatten sie die Fenster heruntergekurbelt und ihre Köpfe hinausgestreckt, um den Verlauf der Straße besser zu erkennen. In dem Moment, als die beiden aneinander vorbeifuhren, stießen sie bei relativ hoher Geschwindigkeit mit den Köpfen zusammen und enthaupteten sich gegenseitig.

Quelle: Erzählung eines 27jährigen Fotografen aus Mannheim im März 1990. Aufgezeichnet von Cornelia Röhlke.

Die Gefahren des modernen Straßenverkehrs sind beliebter Stoff heutiger Horrorgeschichten. Die vorliegende, an vielen Orten Eu-

ropas verbreitete Geschichte findet von Zeit zu Zeit durch Presse-
berichte neue Nahrung. Eine von Rainer Wehse (1990, 70) wieder-
gegebene Variante stammt aus dem Jahre 1986 und berichtet, daß
die beiden Autofahrer im Nebel mit den Köpfen zusammenschla-
gen und schwere Verletzungen erleiden, während die beiden Wagen auf dem Seitenstreifen zum Stehen kommen und nicht einen
Kratzer davontragen.

25. Künstlerpech

Eine Arzthelferin aus Schweinfurt mußte zur Polizeiwache,
weil sie eine Geldbuße von 30,– DM zu bezahlen hatte. Die
hatte sie geerntet, weil die Frist für die TÜV-Untersuchung
ihres Wagens überschritten war. Als sie sich mit dem
Dienstgruppenleiter kurz unterhielt, schnupperte er starken
Alkoholgeruch. „Haben Sie getrunken?", forschte er. „Nur
eine Schorle", antwortete sie. Aber als er meinte, dann könne sie sich ja leicht einem Alkoholtest unterziehen, kam das
jammernde Elend: Sie war ja mit ihrem fahrbaren Untersatz
gekommen und hatte schon einmal ihren Führerschein verloren. Der Test zeigte 2,01 Promille und verblüffte sowohl
ihn als auch sie. Ja, und nun ist sie wieder einige Monate
führerscheinlos. Alle beschwörenden Reden halfen nichts.

Quelle: Schweinfurter Tagblatt vom 28./29. Juli 1990, in der Spar-
te „Sichelsteiner" von Ludwig Wiener, in der oft „sagenhafte"
Texte abgedruckt werden. Auch der vorliegende Text zeigt manche Spuren der Zugehörigkeit zum Genre der Schadenfreude-
geschichten.

26. Bremsprobe

Ein Freund von mir in Freiburg hatte einen Oldtimer der
legendären Marke Fiat Topolino. Der Wagen war technisch
noch völlig intakt, jedoch sah er äußerlich schon ziemlich
heruntergekommen aus. Einmal fuhr er in den Außenbezir-

ken der Stadt herum und wurde von einer Polizeistreife gestoppt. Sie schauten sich den Wagen rundherum ganz genau an. Aber die Reifen waren o. k., die Steuerung funktionierte noch gut, alle Lampen waren intakt, nichts war durchgerostet, und sie konnten nichts Verkehrswidriges finden. „Gut", sagten die Polizisten, „jetzt machen wir noch eine Bremsprobe. Fahren Sie genau mit 50 km/h voraus, wir werden Ihnen folgen. Wenn wir hupen, machen Sie eine Vollbremsung." Er tat, was sie verlangt hatten, und als er einen lauten Hupton hörte, trat er gewaltig in die Bremsen. Es gab einen großen Krach, als der Polizeiwagen auf das Heck des Topolino auffuhr. Der Hupton war nämlich von einem ganz anderen Wagen gekommen.

Quelle: Erzählt von einem Medizinstudenten, 28, in Freiburg im Jahre 1963. Als ich diese Geschichte zum ersten Male hörte, ahnte ich noch nicht, daß ich Varianten davon später in mehreren europäischen Ländern wiederfinden würde. In der Sammlung von Dale (1984, 37) aus England z. B. wird sie mit einem Austin Mini erzählt.

In einer etwas abweichenden, ebenfalls mündlich weit verbreiteten Variante soll die Reaktionsschnelligkeit eines Motorradfahrschülers getestet werden, indem der Fahrlehrer blitzschnell aus einer Parklücke auf die Fahrbahn tritt und den Motorradfahrer zu einer Vollbremsung veranlaßt. Unglücklicherweise tut er dies aber beim falschen Motorradfahrer, der darauf nicht vorbereitet ist und ihn überfährt.

27. Die Rache des Fahrradfahrers

Ein Radfahrer wird in der Oldenburger Innenstadt von einem großen Mercedes beim Überholen in der Kurve so stark geschnitten, daß er fast vom Rad stürzt. An der nächsten Ampel muß der Mercedesfahrer bei Rot anhalten. Der Radfahrer holt ihn ein und tritt aus Wut über die vorausgegangene Behinderung so fest gegen die vordere Stoßstange des Mercedes, daß sich der Airbag vor dem Fahrer öffnet

und dieser zwischen dem Luftkissen und seinem Sitz eingeklemmt wird und nicht mehr weiterfahren kann.

Diese Geschichte wurde der Aufzeichnerin Michaela Linge im Februar 1990 von einer Göttinger Jurastudentin erzählt, die angab,
ihr Bruder habe sich für den Wahrheitsgehalt der Erzählung leb-
haft verbürgt.

Der moderne Straßenverkehr stellt sich in den zeitgenössischen
Sagen einerseits als Gefahrenherd, andererseits als Schlachtfeld mit
Über- und Unterlegenen dar. Im vorliegenden Fall wird der
scheinbar unterlegene David durch den spontanen Racheakt zum
Überlegenen, der den Goliath in seine Schranken weist.

Uns sind auch Varianten dieser Erzählung bekannt, in denen ein
Motorradfahrer sich an einem Mercedesfahrer rächt, weil er von
ihm geschnitten wurde. Er soll den Mercedes, der auf der linken
Spur der Autobahn fuhr, links überholt und ihm bei 180 km/h den
Außenspiegel abgetreten haben (einen Text dazu erhielten wir als
Einsendung von Andrea Sauer aus Weidenbach/Franken).

III. Die Tücken des ganz alltäglichen Lebens

28. *Die Wunderglühbirne*

Ich habe einmal von einem Mann aus der Nähe von Hannover gehört, der kurz nach dem Ersten Weltkrieg im Elektrohandel eine Glühbirne gekauft hat. Er schraubte sie in eine Lampe in seiner Küche, und seitdem brannte sie und brannte. Als sie nach dem Zweiten Weltkrieg immer noch unverändert ihren Dienst tat, schraubte er sie heraus und schaute nach dem Hersteller: Osram stand darauf. Er schrieb an die Firma und teilte seine Beobachtung mit. Kurze Zeit später erhielt er schon Antwort: Sie seien am Erwerb der Glühbirne für ihr Firmenarchiv sehr interessiert und würden einen Mitarbeiter vorbeischicken. Dieser erschien auch bald darauf und bot dem Besitzer eine horrende Summe an. Das machte ihn erst recht stutzig, und da er so viel Geld gar nicht nötig hatte, lehnte er das Angebot ab und begann auf eigene Faust zu recherchieren. Was er herausfand, war erstaunlich: Dem Werk war etwa 60 Jahre zuvor das Patent für eine immerwährende Glühbirne angeboten worden, sie hatten es gekauft und eine Testserie hergestellt. Die Untersuchung der Serie ergab, daß diese Birnen tatsächlich unbegrenzt haltbar waren. Daraufhin zog die Firma die Serie aus dem Verkehr und hielt das Patent unter Verschluß, um sich nicht selbst das Wasser abzugraben. Durch einen Zufall war diese eine Glühlampe in eine Lieferung mit normalen Glühlampen hineingeraten.

Erzählt von einem Mitarbeiter im posttechnischen Dienst in Hannover, 51, im Februar 1990.
    Vergleichbare Geschichten von unzerstörbaren Wunderprodukten sind in zahllosen Varianten verbreitet. So kann man immer

wieder aufs neue Storys von phantastischen Autos hören, die mit geringster Brennstoffmenge Hunderte von Kilometern fahren können und deren Weiterentwicklung von den Ölkonzernen verhindert werde (vgl. Portnoy 1987, Nr. 53). Auf ähnliche Weise soll in der Nachkriegszeit die Herstellung laufmaschenfreier Nylonstrümpfe unterblieben sein. Aus Finnland wird von der Erfindung eines Rasiermessers, das nie stumpf wurde, berichtet. Von dem deutschen Autohersteller Borgward in Bremen geht bis heute die Legende, daß die Firma an der Langlebigkeit ihrer Produkte zugrunde gegangen sei.

Die Geschichte von der Wunderglühlampe findet sich u. a. bei Smith 1983, 67 aus England und bei Klintberg 1990, Nr. 81 (ebenfalls aus England). In Göttingen hörte ich von einer wissenschaftlichen Mitarbeiterin, 29, im Juli 1990 die Geschichte von einem Zimmermann, der im Raum Hannover lebt. Er war früher Ingenieur im Volkswagenwerk in Wolfsburg gewesen und hat seinen ursprünglichen Beruf aufgegeben, weil er Motoren konstruieren mußte, die nach einer bestimmten Kilometerzahl defekt wurden. Er wußte, daß man Motoren mit extrem hoher Lebensdauer herstellen könnte, aber das Werk war an der Entwicklung dieses Motors nicht interessiert.

29. Der vergessene Sherman-Panzer

Als die amerikanischen Truppen im Frühjahr 1945 in Deutschland einmarschierten, kamen sie sehr schnell Richtung Osten voran, weil die Deutschen nicht mehr viel Widerstand leisteten. Einmal aber gab es in der Pfalz doch einen deutschen Gegenstoß, so daß sich die Amerikaner fluchtartig zurückziehen mußten. Dabei ließen sie in einem Bauernhof einen Sherman-Panzer zurück. Der Bauer versteckte den Koloß im Heu und ließ die Sache auf sich beruhen, da er in der Nachkriegszeit unangenehme Folgen befürchtete. 20 Jahre nach dem Krieg – die Deutschen hatten längst wieder eigene Waffen – wollte er den Panzer schließlich doch loswerden und konsultierte deswegen einen Rechtsanwalt in Heidelberg. Dieser verständigte das Amt für Verteidigungslasten. Eine Kommission der Bundeswehr stellte sich ein. Man räumte das Heu beiseite, und als ein Fahrer den Zündschlüssel umdrehte, sprang der Motor anstandslos an, und der Panzer fuhr ohne die geringsten Schwierigkeiten vom Hof.

Quelle: Aufgezeichnet und eingesandt am 24. April 1990 von Dr. Werner K. Tantsch aus Eberbach, nach der Erzählung von Professor Dr. Manfred Wochner, Heidelberg, der die Geschichte von einem inzwischen verstorbenen Rechtsanwalt gehört hatte. Sie klingt sehr nach „Sage"; aber unabhängig vom Wahrheitsgehalt spiegelt sie die Hochachtung der älteren Deutschen, die den Vormarsch der amerikanischen Truppen am Ende des Krieges selbst erlebt haben, vor der amerikanischen Militärtechnik. Das literarische Vorbild zu dieser Erzählung ist möglicherweise der Roman „Don Camillo und seine Herde" von Giovannino Guareschi (1908–1968), vgl. die deutsche Taschenbuchausgabe Reinbek 1957, S. 195–202: „Der Panzer".

30. Verursacherprinzip

Ein Fabrikbesitzer im Ruhrgebiet benutzte in den fünfziger Jahren aus Prinzip jeden Morgen den Bus, um zu seiner nur zwei Haltestellen entfernten Firma zu fahren. Mit seinem schwarzen Nadelstreifenanzug, Melone und Aktenköfferchen gehörte er zum lebenden Inventar der betreffenden Straße. Auf dem Weg zur Bushaltestelle pflegte er eine dicke Zigarre zu rauchen, und sobald sich der Bus näherte, warf er den Stummel mit gekonntem Schwung zielsicher in den Gully.

Dies ging einige Jahre lang gut, bis er eines schönen Morgens wieder der Haltestelle zustrebte und mit dem üblichen Schwung seine Zigarre im Gully versenkte. Diesmal aber gab es eine gewaltige Explosion, die die Straße in gesamter Länge bis zu seiner Firma in die Luft jagte.

Die Untersuchungen über die Ursachen des Unglücks ergaben, daß das Unternehmen jahrelang giftige Abwässer in die Kanalisation geleitet hatte. Genau an diesem Morgen brachte der Verursacher dieser Umweltsünde selbst die hochexplosiven Gase in der Kanalisation zur Explosion.

Quelle: Erzählt von einem Dipl.-Psychologen, 41, Mitarbeiter an einem Göttinger Forschungsinstitut, am 30. 7. 1990 in Göttingen nach dem Bericht eines Bekannten, der die Geschichte in den fünfziger Jahren im Ruhrgebiet gehört und geglaubt hat.

Die Botschaft dieser moralischen Erzählung ist subtil: Der „Held" erscheint anfangs als Gentleman, der umweltbewußt und volksnah öffentliche Verkehrsmittel benutzt, um zu seiner Firma zu gelangen, aber hinter der Fassade verbirgt sich ein Krimineller, der für schwere Umweltschäden die Verantwortung trägt. Die Erzählung verfährt nach dem alten Ordnungsmuster der „Nemesis Divina", wenn die Rache eben diesen Menschen ereilt und der „zündende Funke" sogar noch von ihm selbst geliefert wird. Zur Ordnungsvorstellung der göttlichen Vergeltung (Nemesis Divina) vgl. Linné 1981.

31. Anziehungskraft

Eine Gruppe von Technikern besucht eine neuerrichtete, soeben erst eingeweihte Schrotthalde, auf der ein besonders starker Elektromagnet zum Einsatz kommt. Als der Kranfahrer den Magneten einschaltet, um die enorme Leistung des Gerätes zu demonstrieren, fällt einer der Herren tot um. Der Grund: Der Mann war Gebißträger, und die metallene Gaumenplatte seines Gebisses wurde durch die enorme Kraft des Magneten nach oben gezogen und in das Gehirn des Unglücklichen gerissen.

Eingesandt am 13. 4. 1990 von Danny Jablonsky, Dipl.-Psychologe aus Kaiserslautern, der die Geschichte während seiner Gymnasialzeit in Zürich zwischen 1965 und 1972 bei verschiedenen Gelegenheiten von Schulfreunden gehört hat und sich bei einem Besuch im Sommer 1990 aufs neue davon überzeugen konnte, daß sich seine einstigen Schulkameraden ebenfalls noch an die Story erinnern.

Parallelen zu dieser Horrorstory sind uns bisher nicht bekannt.

32. Menschenfressende Maschine

Als Werkstudent war ich einmal 1973 bei der Kabelmetall in Osnabrück beschäftigt, wo es jede Menge höchst gefährlicher Maschinen zu bedienen gab. Damals waren die Sicherheitsvorkehrungen noch nicht so streng wie heute. Immerhin war Alkoholgenuß während der Arbeit streng verboten. Der Vorgänger an meiner Maschine hat einmal einen Finger verloren. Besonders gefährlich war eine große Metallpresse, die sich in einem bestimmten Rhythmus öffnete und schloß. Durch diese Presse hindurch konnte man den Raum verlassen. Es wäre jedoch nie jemand auf den Gedanken gekommen, dies zu tun. Bis auf einen Rosenmontag im Jahr zuvor: Da wurde nicht viel gearbeitet, sondern den ganzen Tag nur getrunken, eine Runde nach der anderen. Einer der Arbeiter mußte einmal hinaus, und statt wie üblich einen Bogen um die Presse herum zu machen, ging er mitten durch sie hindurch. Zu seinem Pech hatte er aber den Rhythmus falsch berechnet. Drei Tage soll man anschließend gebraucht haben, um die Presse wieder sauber zu kriegen.

Erzählt von einem Historiker aus Oldenburg, 32, im Januar 1990 in Göttingen.

Ähnliche Horrorgeschichten von Arbeitsunfällen gibt es fast in jeder Fabrik. Sie sind weltweit verbreitet. Zum Beweis führen wir eine Erzählung aus Neuseeland an, die Brunvand (1989, 71 f.) dort aufgezeichnet und unter dem Titel „The last kiss" veröffentlicht hat:

In der Stadt Petone bei Wellington gibt es ein Werk mit einer riesigen Maschine, in der große Felsbrocken zu Kies für den Straßenbau zermahlen werden. Eines Tages ist ein Mann in diese Maschine hineingeraten, und sie fanden keinen Weg, ihn daraus zu befreien, egal, ob sie die Maschine abstellten oder weiterlaufen ließen. So blieb ihnen nichts anderes übrig, als seine Frau zu holen, die ihm einen Abschiedskuß gab, dann verpaßten sie ihm eine große Dosis Schmerztabletten und ließen die Maschine wieder an...

33. Der Fuß in der Weiche

Bei der Bundesbahn werden die Eisenbahner regelmäßig davor gewarnt, die Gleisanlagen zu betreten, da dies besonders nachts sehr gefährlich sein kann. Ein Mitarbeiter des Eisenbahnbetriebswerks in Osnabrück kümmerte sich nicht viel um diese Warnungen und überquerte jahrelang auf dem Weg nach Hause die Geleise, weil er sich damit einen weiten Umweg ersparen konnte.

Das ging lange Zeit gut, bis er wieder einmal in einer dunklen Nacht auf dem Heimweg über die Bahngleise lief. In diesem Augenblick wurde durch Fernbedienung die Weiche vor ihm umgelegt und sein Fuß in der Weichenzunge eingeklemmt, so daß er ihn nicht mehr befreien konnte. Ein anrollender Güterwagen hat ihm dann den Fuß abgetrennt.

Erzählt im Januar 1990 von einem Historiker aus Oldenburg, 32, der die Geschichte von diesem Arbeitsunfall 1972 im Eisenbahnbetriebswerk Osnabrück gehört hat.

34. Sperrmüll

Ein Postbote benutzt beim Austragen der Post in einer kleinen Ortschaft im Landkreis Kassel gewöhnlich ein altes Fahrrad. Als er eines Morgens wieder einmal unterwegs ist, findet gerade eine Sperrmüllsammlung statt. Der Postbote lehnt sein Rad an einen Zaun und trägt seine Post in ein Haus. Als er gerade im Vorgarten verschwunden ist, kommt ein Junge vorbei, hält das Fahrrad für sperrmüllreif und montiert sich schnell den noch brauchbaren Sattel ab. Der Postbote kehrt zu seinem Fahrrad zurück, sieht, daß der Sattel fehlt, und bemerkt gerade noch den Jungen, der mit dem fehlenden Teil um die Ecke biegt. Er also nichts wie hinterher. Es gelingt ihm auch, den Jungen einzuholen und seinen Sattel zurückzubekommen. Aber als er nach diesem Ausflug zu seinem Fahrrad zurückkehren will, ist es schon von den Müllwerkern in das Müllfahrzeug geworfen und zermalmt worden.

Aufgezeichnet von Michaela Linge im Sommer 1989 in Kassel nach der Erzählung ihrer Schwester, die angab, die Geschichte von einem Bekannten gehört zu haben.

35. Telefonische Rache

Ein stadtbekannter Münchner Playboy wechselt die Freundinnen wie andere Leute die Hemden. Mitunter kann dieses Verhalten Frauen gegenüber ins Auge gehen, und prompt ist er eines Tages an eine geraten, die nicht alles mit sich machen ließ. Als er sie loswerden wollte, fuhr er für ein paar Tage in die Berge und gab ihr eine Frist, seine Penthousewohnung zu verlassen. Als er dann zurückkam, fand er zu seiner Genugtuung die Wohnung leer, und alles schien in Ordnung zu sein. Nur der Telefonhörer war abgenommen, und aus der Muschel kamen fremdartige Laute. Er legte den Hörer auf und dachte nicht weiter über die Sache nach. Sein böses Erwachen kam erst mit der nächsten Telefonrechnung: sie betrug mehrere tausend Mark, und seine Recherchen ergaben, daß sein Anschluß zehn Tage lang mit der automatischen Seewettervorhersage in Japan verbunden war.

Erzählt in einer Kurklinik in Bad Wiessee im März 1990 von einer Münchner Augenoptikerin, 32.

Diese Erzählung aus dem thematischen Umkreis „Rache der verstoßenen Ehefrau oder Geliebten" ist auch aus anderen Ländern bekannt: In England wählt die hinausgeworfene Ehefrau eine Nummer in Australien (Smith 1986, 85), in Finnland die verschmähte Freundin die Zeitansage in Schweden (Virtanen 1987, 141.), in den USA den Wetterbericht in Tokio (Brunvand 1989, 216).

36. Der Computerfan

Einer unserer Freunde in Berlin hat eine Bekannte, die in einem Computerladen arbeitet. In diesen Laden kommt eines Tages ein junger Mann mit einer langen Einkaufsliste. Er kauft sich einen AT-Computer mit viel Zubehör und auch die notwendige Software dazu. Er wird angewiesen, die Disketten mit dem Betriebssystem in das Laufwerk zu laden und auf die Festplatte zu speichern. Am nächsten Tag kommt er wieder, um sich zu beschweren: Das Laufwerk sei viel zu klein. Das Betriebssystem sei auf sieben Disketten gespeichert, und er könne soviel quetschen, wie er wolle, er bekomme immer nur vier Disketten gleichzeitig in das Laufwerk hinein.

Quelle: Erzählt von einer 38jährigen Diplom-Psychologin und Volkskundlerin aus Göttingen am 10. Mai 1990, nach der Erzählung eines Berliner Rechtsanwalts im April 1990 in einer Kneipe in Westberlin.

37. Retourkutsche

Vor der Elbfähre Wischhafen steht eines Tages, wie so oft, eine lange Autoschlange und wartet auf die Einschiffung. Wie üblich sorgt ein Mitarbeiter der Reederei im Bereich der wartenden Autos für Ordnung: er fegt Blätter, leert die Mülltonnen usw. Während der langen Wartezeit öffnet ein Autofahrer die Tür seines Wagens, leert seinen Aschenbecher auf die Straße und schließt die Tür wieder. Der Reedereiarbeiter geht ruhig zu dem Auto, fegt den Dreck sehr sorgfältig auf einer Schaufel zusammen, öffnet die Autotür und wirft ihn wortlos in den Wagen zurück. Die Umstehenden klatschen begeistert Beifall, und der ertappte Umweltsünder wagt nicht zu reagieren.

Aufgezeichnet und eingesandt am 8. 4. 1990 von Jürgen Wiechmann aus Klein Nordende, der die Szene nicht selbst erlebt hat, sondern dem sie von einer „glaubwürdigen Person" mitgeteilt worden ist.

Der Text spiegelt das veränderte Umweltdenken und gehört in einen ganzen Kranz ähnlicher Geschichten, in denen dem Verursacher die Umweltsünde mit gleicher Münze heimgezahlt wird. So soll z. B. einmal ein Apotheker in Büsum in Rage gekommen sein, weil der Hund einer Kundin sein Geschäft direkt vor der Tür erledigte. Er nahm den Haufen mit einem Küchentuch auf und schmierte der Frau mit den Worten „Sie haben noch was vergessen!" den Dreck an den Mantel (aufgezeichnet von Angelika Netzband-Knopp im Juni 1990 in Göttingen bei einer Geburtstagsfeier).

38. Der perfekte Selbstmord

Ein Mann aus Otterbach bei Kaiserslautern hatte den Entschluß gefaßt, sich umzubringen, nachdem ihm seine Frau weggelaufen war. Er bewohnte einen hübschen Einfamilienbungalow, und dort wollte er die Sache zu Ende bringen. Er öffnete den Gashahn in der Küche und stand vor dem Terrassenfenster, um mit einem letzten Blick ins Freie von der Welt Abschied zu nehmen und den sicheren Erstickungstod zu erwarten. Da es ihm aber etwas zu lange dauerte und er Lust darauf verspürte, zündete er sich eine letzte Zigarette an. Als er wieder zu sich kam, lag er 50 Meter vom Haus entfernt: Der Bungalow war in die Luft geflogen, und er war durch das Terrassenfenster ins Freie geschleudert worden, aber abgesehen von ein paar unbedeutenden Schnittwunden war ihm kaum etwas passiert.

Aufgezeichnet und eingesandt im April 1990 von Thomas Schock aus Traisa, der diese Geschichte von Mitarbeitern des Rettungsdienstes erfahren hat.

39. Die Physikprüfung

Das Vordiplom in experimenteller Physik an der Universität Mainz wird abgenommen. Der Kandidat steht draußen vor der Tür, der Physikprofessor sitzt im Prüfungszimmer am Schreibtisch, die Sonne scheint durchs Fenster, und auf der Fensterbank steht eine grüne, mit Wasser gefüllte Flasche. Der Prüfer nimmt diese Flasche, dreht sie um 180 Grad und ruft dann den Prüfling herein. Der Student wird gebeten, die Flasche zu befühlen und anzugeben, auf welcher Seite sie wärmer ist. Zu seiner großen Überraschung ist sie auf der der Sonne abgewandten Seite wärmer. Der Prüfling soll die Frage beantworten, woher die Wärmeverteilung in der Flasche rührt. Er stottert etwas zusammen von einer Linsenwirkung des Wassers, das das Licht auf die andere Seite bündele, findet aber seine eigene Lösung nicht sehr glaubwürdig. Am Ende der Prüfung erfährt er, daß er durchgefallen ist, weil er auf die einfachste Lösung nicht gekommen ist: daß die Flasche vorher umgedreht worden war. Er erhält den Rat, bei der Wiederholungsprüfung seinen gesunden Menschenverstand besser einzuschalten.

Quelle: Telefonische Erzählung eines Mainzer Studenten bei einer Sendung von HR 3 „Talk about" am 13. 5. 1990 über „Moderne Sagen". Die Geschichte wird einem inzwischen verstorbenen Mainzer Physikprofessor zugeschrieben. Die gleiche Story wird aber auch von einem Bochumer Physiker erzählt. Noch während der erwähnten Sendung meldete sich ein Marburger Student und berichtete von einem Physikprofessor seiner Universität, der die Studenten im Vordiplom mit einem Ziegelstein auf dem Heizkörper auf die gleiche Weise hereingelegt haben soll.

Solche Prüfungsgeschichten sind an Hochschulorten weit verbreitet; sobald sie sich mit dem Namen bestimmter Professoren verbinden, könnte man sie auch zur Gattung der Anekdoten rechnen. Mehr oder weniger stimmen alle diese Geschichten in der Grundaussage überein, daß sich die Kandidaten der angstbesetzten Prüfungssituation schutzlos ausgeliefert fühlen und daß ihnen das Prüfen als Ausübung von Macht vorkommt. Aus der Sicht der Geprüften erscheinen die Prüfungsbedingungen als Schikane und die Mitteilung des Ergebnisses entwürdigend, wenn z. B. der Prüfer den Kandidaten bittet, einen Strich an die Tafel zu malen, diesen über die Wand bis zur Tür zu verlängern und dann die Tür von außen zuzumachen: Auf Wiedersehen in einem halben Jahr!

40. Der Privatpatient

Ein Mann aus Südniedersachsen wollte zur Kur in eine Klinik in Seesen am Harz. Aus der Kurklinik bekam er aber die schriftliche Nachricht, daß kein Bett frei sei. Deshalb fuhr er selbst nach Seesen und ging zum Geschäftsführer der Klinik, der über die Betten verfügte. Zu ihm sagte er: „Ich möchte hierher zur Kur kommen. Haben Sie ein Bett frei? Ich bin Privatpatient." Als der Geschäftsführer bestätigte, daß ein Bett für ihn frei sei, sagte er: „So, und nun müssen Sie mich aufnehmen! Ich bin in Wirklichkeit AOK-Mitglied." Er bekam seinen Platz in der Klinik.

Die Geschichte vom Zweiklassenrecht in der Krankenversicherung erzählte im Juni 1990 eine 50jährige Göttinger Hausfrau bei einem gemütlichen Abend im Freundeskreis. Aufzeichnerin war Angelika Netzband-Knopp. Die Erzählerin sollte selbst einige Tage später eine Kurklinik aufsuchen und bekam nur deshalb ein Zimmer, weil sie Privatpatientin war.

41. Festgeklebt

Es ist vierzig Jahre her. Ich hatte als ganz junger Arzt nach dem Staatsexamen meine Tätigkeit an einem sehr großen Hamburger allgemeinen Krankenhaus mit über 1600 Betten aufgenommen. Eines Tages machte folgende Story die Runde:

In der letzten Nacht sei in der Chirurgie per Feuerwehr eine junge Frau eingeliefert worden, die unten herum nackt und auf einer abmontierten Klobrille festgeklebt war. Als

Ursache für das Mißgeschick wurde folgendes überliefert: Der Ehemann habe nachmittags die Klobrille frisch gestrichen und vergessen, seine Frau darüber zu informieren. Der Lack sei mittlerweile leicht getrocknet gewesen, und die Frau war mit hauseigenen Mitteln nicht mehr von dem Corpus delicti zu lösen. Die Trennung mußte in der Klinik mit chirurgischen Mitteln vorgenommen werden.

Wir haben diese Geschichte damals alle geglaubt, aber ich kann mich nicht erinnern, jemandem begegnet zu sein, der diese bedauernswerte Frau mit ihrem Problem wirklich gesehen hat.

Eingesandt von einem Hamburger Augenarzt mit Brief vom 24. Juli 1990. Da es sich offenbar schon um eine etwas betagtere Geschichte handelt, sind mir Parallelen dazu aus mündlicher Überlieferung nicht bekannt geworden, ich bin aber mit dem Einsender einig in der Auffassung, daß es sich um eine moderne Sage handelt.

Bei einem ähnlichen Bericht, den ich im August 1990 von einer 28jährigen Ärztin aus Oldenburg erhalten habe, bin ich nicht ganz so sicher: In die Klinik in Gießen ist dieser Erzählung zufolge vor ungefähr zwei Jahren ein junges Paar eingeliefert worden. Der Grund: Beide waren Träger von Zahnspangen, und beim Küssen hatten sich die Spangen derart ineinander verhakt, daß eine Trennung auf operativem Wege notwendig wurde. Möglicherweise ist dies eine moderne Seitenform zu dem Uraltthema vom Penis captivus (vgl. Text Nr. 94 „Scheidenkrampf" in „Die Spinne in der Yucca-Palme").

42. Rauchen ist gesund

Ein Vertreter übernachtet in einem kleinen Hotel abseits der Hauptstraße. Vor dem Einschlafen raucht er im Bett noch eine Zigarette. Die brennende Zigarette fällt ihm dabei aus der Hand vor das Bett. Als er, schon schlaftrunken, die Zigarette aufheben will, sieht er, wie eine Hand unter dem Bett hervorkommt und die Zigarette auslöscht.

Der Vertreter verhält sich eine Zeitlang ganz ruhig. Nach

einiger Zeit spricht er laut zu sich selbst, daß das Bier in diesem Hotel wohl besonders stark triebe, denn er müsse schon wieder zur Toilette, steht auf und verläßt das Zimmer. Dadurch gelingt es ihm, den Hotelbesitzer zu alarmieren. Als sie nun mit Verstärkung nachschauen, finden sie unter dem Bett nur noch eine Eisenstange.

Mitgeteilt von einem Außendienstmitarbeiter einer Glasgroßhandlung in Barsinghausen/Niedersachsen mit Brief vom 4. September 1990.

Diese Geschichte gehört in den großen Umkreis des angstbesetzten Feldes Nacht, fremde Umgebung und Bett als trügerischer Ort der Ruhe. Vgl. auch den folgenden Text Nr. 43.

43. Vorsicht Einbrecher!

Ein Ehepaar bewohnte ein Einfamilienhaus vor den Toren Hannovers. Bevor die beiden in Urlaub fuhren, hatten sie ihr Haus auf originelle Weise gegen Einbrecher abgesichert. Die Diebe selbst ahnten davon nichts und brachen prompt in das unbewachte Haus ein. Um ungestört „arbeiten" zu können, ließen sie die Rolläden herunter. Zu ihrem Erstaunen stand kurze Zeit später die Polizei vor der Tür und nahm sie fest. Was war passiert? Die verreisten Hausbesitzer hatten, bevor sie die Rolläden wieder hochzogen, von außen daraufgeschrieben: „Vorsicht Einbrecher. Bitte Polizei verständigen!"

Erzählt im Frühjahr 1990 in einer größeren Gesellschaft in Göttingen von einem etwa 60jährigen Herrn, als die Gespräche um das Thema Einbruch kreisten. Seine Quelle war ein Kollege in Hannover, dessen Bekannte auf diese Weise den Einbrechern das Handwerk gelegt haben sollen. Aufgezeichnet von Frauke Wedler.

44. Auch Diebe können lecken

Am Rande des Ruhrgebietes lebte eine Frau in mittleren Jahren allein in ihrem Einfamilienhaus und hielt sich zur Gesellschaft, aber auch zur Überwachung ihres Hauses einen Schäferhund. Bevor sie abends zu Bett ging, machte sie die Runde im Haus und schloß aus Furcht vor Einbrechern sorgfältig alle Fenster und Türen. Ihr Hund pflegte auf einem Teppich neben ihrem Bett zu schlafen, und immer wenn die Frau schlecht träumte oder nachts irgendwelche Geräusche hörte, streckte sie ihre Hand aus dem Bett und ließ sich von dem Hund die Hand lecken. Da fühlte sie sich sicher und schlief beruhigt weiter.

Eines Nachts hörte sie wieder einmal Geräusche im Haus, aber wieder ließ sie sich die Hand lecken und nahm an, daß alles in Ordnung wäre. Am nächsten Morgen lag der Hund nicht wie gewöhnlich auf dem Bettvorleger. Als sie das Badezimmer betrat, fuhr sie entsetzt zurück: Ihr geliebter Wachhund lag mit durchschnittener Kehle in der Badewanne, und dabei lag ein Zettel, auf dem stand: „Auch Diebe können lecken!"

Erzählt im August 1989 von einer Angestellten aus Dortmund, 34, die die Geschichte von Arbeitskollegen gehört hat und vom Wahrheitsgehalt überzeugt war. Die volkskundlichen Sammlungen moderner Sagentexte zeigen, daß es sich auch hier um eine internationale Wandersage zum Thema der Diebstahls- und Einbruchsängste handelt. Sie ist aus England bekannt (Smith 1983, 99) und auch in der amerikanischen Tradition in vielen Varianten überliefert (Brunvand 1984, 73–77, „The licked hand"). Allerdings handelt es sich in den USA mehr um eine Teenagerschreckgeschichte.

45. Fehlschüsse

Variante a

An Pfingsten 1988 erzählte ein Student der Betriebswirtschaftslehre auf einem Campingplatz am Steinhuder Meer folgende Geschichte, nachdem es dort spät abends eine Schießerei gegeben hatte:

Während einer Wachbelehrung bei der Bundeswehr hatte ein Unteroffizier als Warnung mitgeteilt: Beim üblichen Wachrundgang hätten einmal zwei Soldaten von einem Baum Geräusche gehört und daraufhin ohne vorherige Warnung in den Baum geschossen. Dabei sei ein Kamerad, der zufällig in den Baum geklettert war, gefährlich verletzt worden und heruntergefallen. Deshalb sei es dringend notwendig, vor einem gezielten Schuß mehrere Warnschüsse abzugeben.

Variante b

Das ist wirklich passiert! Das hat mir einer erzählt, dem das wirklich passiert ist: Der mußte mit einem anderen zusammen beim Bund Wache schieben, und auf einmal hat er am Zaun der Kaserne etwas scharren hören. Er hat gerufen, aber nichts hat sich gerührt. Dann fing das Geräusch wieder an, er hat wieder gerufen und dann geschossen. Daraufhin erstarb das Geräusch in einem dumpfen Röcheln. Am nächsten Tag sah er dann, daß er eine von der Weide entlaufene Kuh erschossen hatte.

Quelle: Erzählung einer Studentin, 23, in Göttingen im November 1988, aufgezeichnet von Angelika Netzband-Knopp. Im Anschluß an diese Erzählung ergänzte eine andere Gesprächsteilnehmerin: „Ja, das habe ich mal von einem Jäger gehört, der von seinem Haus aus die Kühe seines Nachbarn erschossen hat, weil er sie für Wild gehalten hat."

Amerikanische Varianten solcher verbreiteten Erzählungen von Jagdirrtümern hat Brunvand (1989, 138–141) zusammengestellt. Eine davon lohnt es, daß wir sie hier wiedergeben:

Ein Jäger aus Denver fuhr an den Westabhang der Rocky Mountains zur Jagd und fragte einen Rancher, ob er auf seinem Grund und Boden jagen dürfe. Gut, sagte der Viehzüchter, aber seien Sie vorsichtig: Mein Preisbulle ist draußen auf der Weide, und wenn Sie den töten, kostet es sie 2300 Dollar. Der Jäger kehrte nach einer Weile mit der traurigen Nachricht zurück, daß er tatsächlich den Preisbullen erschossen hatte. Anstandslos schrieb er einen Scheck über 2300 Dollar aus. Der Viehzüchter setzte sich in seinen Traktor, um das Fleisch nach Hause zu holen, und als er auf die Weide kam, sah er den Bullen dort friedlich grasen. Er schaute sich um und fand in der Nähe einen wunderschönen Bock, den der Jäger mit sauberem Schuß niedergestreckt hatte. Er war offenbar zu dumm, den Unterschied zwischen einem Rehbock und einem Bullen zu erkennen. Der Scheck wurde fünf Tage später von der Bank eingelöst.

46. Kontrolle ist gut

Die Wehrpflichtigen bei der Bundeswehr sind bekanntlich während ihres Wehrdienstes in den Kasernen mancherlei Schikanen ausgesetzt. In der Kaserne von N. N. gab es einen Feldwebel, der prüfte die Stube der ihm unterstehenden Rekruten vor dem Wochenende immer besonders genau. Dazu zog er sich weiße Handschuhe an und wischte auf der Suche nach Staub bevorzugt über Schränke und Türrahmen. Er kannte keine größere Genugtuung, als eine Stube mangelhaft geputzt vorzufinden und den Ausgang der Soldaten für das Wochenende verkürzen zu können. Die Wehrpflichtigen auf einer Stube beschlossen daher, Rache an ihm zu üben. Bevor der Feldwebel am darauffolgenden Freitag zur Kontrolle kam, befestigten sie im oberen Türrahmen eine Rasierklinge. Als nun der Kontrolleur schwungvoll und fest über den oberen Türrahmen strich, riß ihm die aufrecht stehende Rasierklinge den Finger auf. Der Feldwebel hat von da an nie wieder solche Kontrollen durchgeführt.

Erzählt von einem Studenten, 31, im Juni 1990 in Göttingen, aufgezeichnet von Angelika Netzband-Knopp. Der Student hatte die Geschichte erst wenige Tage vorher von einem Kommilitonen gehört. Da er sie aber schon vorher von vielen anderen Seiten erfahren hatte, war ihm klargeworden, daß dies eine Traditionsgeschichte sein müsse.

Auch hier handelt es sich, wie bei den Prüfungsgeschichten in Nr. 39, um eine angstbesetzte Situation, in der ein Vorgesetzter willkürlich Macht ausüben kann. Hier wird allerdings das Gefühl des Ausgeliefertseins durch das Rachemotiv aufgehoben.

IV. Urlaub und Fremde

47. Das verschwundene Hotelzimmer

Zwei alte Damen aus Deutschland reisten Ende des vorigen Jahrhunderts durch Frankreich und kamen eines Nachts sehr spät in ihrem Hotel an. Sie erhielten benachbarte Einzelzimmer, und da sie sehr müde waren, fielen sie alsbald in einen tiefen Schlaf. Am nächsten Morgen wachte die eine der beiden Frauen auf und ging in das Nachbarzimmer, um ihre Freundin zu besuchen. Aber sie war völlig verwirrt darüber, daß dies nicht mehr das Zimmer war, das sie am Abend vorher gesehen hatte. Die Tapete und die Möbel waren völlig verschieden, und was noch schlimmer war: ihre Freundin war nicht mehr dort.

Als sie den Herrn an der Rezeption nach ihrer Begleiterin fragte, antwortete er: „Welche Begleiterin, Madame? Sie kamen doch allein an." Ziemlich perplex fragte sie auch andere Mitarbeiter des Hotels, aber überall erhielt sie die gleiche Antwort: „Madame, Sie kamen allein an." In ihrer Entschlossenheit, der Sache auf den Grund zu gehen, wandte sie sich an das deutsche Konsulat, das seinerseits die Polizei einschaltete. Bei den Untersuchungen stellte sich heraus, daß die Reisebegleiterin kurze Zeit nach Betreten ihres Zimmers heftig erkrankt und noch in der Nacht gestorben war. Der herbeigerufene Arzt diagnostizierte als Todesursache Cholera. Der Hoteldirektor war durch diese Nachricht so schockiert, daß er den Arzt mit einem Bestechungsgeld zum Stillschweigen verpflichtete und alle Spuren der Besucherin beseitigen ließ: Die Leiche wurde weggeschafft, alle Möbel und sonstigen Einrichtungsgegenstände vernichtet und durch andere ersetzt. Desgleichen wurde das Hotelpersonal darauf verpflichtet, strengstes Stillschweigen zu bewahren. Nicht einkalkuliert hatten sie allerdings die Hartnäckigkeit der Begleiterin der verstorbenen Frau.

Diese Erzählung, hier nach einem antiquarisch erworbenen Deutschaufsatzheft aus dem Jahre 1952 wiedergegeben, ist schon seit dem Ende des 19. Jahrhunderts bekannt und aufgrund ihres kriminalistischen Einschlags in der europäischen Literatur und später im Film immer wieder aufgenommen worden. Am bekanntesten dürfte die Verwendung in dem Veit-Harlan-Film „Verwehte Spuren" von 1938 sein, der die Handlung in der Zeit der Pariser Weltausstellung von 1868 ansiedelt. Eine holländische Variante ist wiedergegeben bei Portnoy 1987, Nr. 76.

48. Skandal in der Spielbank

Eine gutsituierte Rentnerin aus Bad Wiessee mit Zweitwohnsitz im Tessin erzählt: Früher, als Einheimische noch die Spielbank besuchen durften, bin ich oft zum Spielen gegangen. Ich war keine leidenschaftliche Spielerin, sondern habe mir immer ein Limit um die 300,– DM gesetzt. Mal hab ich verloren, beim nächsten Mal wieder gewonnen, so lala. Eines Tages, es ist schon einige Jahre her, beobachtete ich am Spieltisch einen Mann, der zunächst mit geringem Einsatz auf eine volle Zahl setzte: auf die 14, dazu einige Zahlen in der Nachbarschaft. Es kam die 14, und der Mann gewann den 36fachen Einsatz. Daraufhin erhöhte er den Einsatz und spielte wieder auf eine Zahl. So genau weiß ich nicht mehr welche, aber ist ja auch egal, sagen wir die 24. Es kam die 24, der Mann gewann wieder viel Geld. Aber er ließ die Chips nicht offen liegen, sondern verstaute sie in seinen beiden Jackentaschen, was mir besonders auffiel. Beim nächsten Spiel setzte er einen noch höheren Einsatz wieder auf eine volle Zahl, sagen wir 34, und wieder wurde genau diese Zahl gezogen.

Ein paar Tage später hörten wir in Bad Wiessee, die Bank

sei gesprengt worden, und wieder ein paar Tage später, ein Croupier der Spielbank sei verhaftet worden. Der Verdacht war, daß er den Spieltisch schief gestellt oder die Kugel manipuliert hätte und mit dem betreffenden Spieler unter einer Decke steckte. Er saß zwei Jahre in Untersuchungshaft, aber letzten Endes konnte man ihm nichts nachweisen. Der Direktor der Spielbank aber ist zurückgetreten und hat später Selbstmord begangen. Das konnte man damals auch in allen Zeitungen lesen.

Erzählt am 22. April 1990 in einer Weinstube in der Nähe der Spielbank in Bad Wiessee von einer ca. 75jährigen Dame, nachdem ich das Gespräch auf die Spielbank und die damit verbundenen Lokaltraditionen gebracht hatte.

Tatsächlich gibt es einen Wiesseer Spielbank-Skandal, der gerichtlich noch nicht endgültig ausgetragen ist. Was die Erzählung so interessant macht, ist die Tatsache, daß die Erzählerin ihre eigenen Erlebnisse und Beobachtungen mit diesen Vorgängen in Verbindung bringt. Dies ist ein gutes Beispiel für ein Genre, welches Sandra Stahl (1977) „Oral personal narrative" genannt hat.

49. Der erfrorene Paraglider

Das Paragliding, das in den letzten Jahren in Deutschland sehr in Mode gekommen ist, hat seine Gefahren. Nicht nur, daß der Gleitschirm bei mangelnder Geschwindigkeit zusammenklappen und abstürzen kann, auch das Wetter kann den Sportlern sehr gefährlich werden. Am Wallberg in Tegernsee ist vor wenigen Jahren ein Paraglider am Berggipfel trotz der Warnungen seiner Kollegen bei unsicherem Wetter gestartet. Auf dem Weg zur Landestelle ist er in einem Seitental des Tegernseer Tales in eine große Wolke hineingeraten, und so sehr er sich auch bemühte, sie wieder zu verlassen, er kam einfach nicht mehr heraus. In der Wolke herrschte starker Frost, der Paraglider ist schließlich darin erfroren und aus der großen Höhe wie ein Stein zur Erde gefallen.

Erzählt im Mai 1990 von einer Lehrerin, 37, aus Altötting während einer Bergwanderung am Wallberg angesichts der zahlreichen bunten Paraglider, die den Himmel über dem Tegernsee bevölkerten.

Im Gespräch mit jungen Leuten, die diesen Sport am Tegernsee ausüben und teilweise lange Reisewege auf sich nehmen, herrschte Einigkeit darüber, daß sich ein solcher Fall theoretisch ereignen könne, aber eine Bestätigung für den Bericht über den Unglücksfall war nicht zu erhalten. Eine ganz ähnliche Geschichte, allerdings von einem Segelflieger in der Rhön, steht bei Theo Löbsack: Der Atem der Erde. Wunder und Rätsel der Luft. München 1963, S. 127–129, „Gewitter und Blitz" (freundlicher Hinweis von Ursula Noack, Freiburg).

50. Auf dem schiefen Turm von Pisa

Ein Handwerksmeister aus Lünen bei Dortmund wollte mit seiner Familie einen tollen Urlaub in Italien verbringen. Eigens zu diesem Zweck wurde ein nagelneuer Mercedes angeschafft. Frohgelaunt fuhren sie nach dem Süden. Eine der ersten Stationen auf der Besichtigungsfahrt war Pisa, wo sie natürlich auch den schiefen Turm besteigen mußten. Oben angekommen, waren alle begeistert vom Ausblick auf die Stadt und die Umgebung. Aber plötzlich sahen sie mit großem Schrecken nach unten: Sie wurden gewahr, wie ein großer LKW mit einem Kran ihren neuen Wagen auf den Haken nahm und auflud. Sie konnten nicht schnell genug über die Treppen nach unten gelangen, um noch etwas zu retten. Der Kranwagen mitsamt ihrem Auto und allem Besitz war weg. Das war das schnelle Ende dieser Italien-Reise! Von dem Wagen haben sie nie wieder etwas gehört.

Erzählt von einer Hausfrau aus Lünen, 62, bei einer Geburtstagsfeier in Lünen im April 1989 unter Berufung auf einen Bericht im „Lüner Anzeiger" von etwa 1987. Aufgezeichnet von Angelika Netzband-Knopp. Eine andere anwesende Frau bestätigte, daß sie die gleiche Geschichte über eine andere Familie aus Süddeutschland gehört hatte. Ein Mindener Buchhändler erzählte im Oktober

1990 eine Variante, nach der ein deutsches Ehepaar in einem italienischen Hafenort von einem Café aus beobachtet, wie ihr Wagen
auf ein Schiff verladen wird.

Alle Geschichten, in denen etwas passiert, was „bei uns" eigentlich nicht vorstellbar ist, spielen irgendwo im Süden, vorzugsweise
in Italien, Spanien, Jugoslawien etc. (vgl. die Texte Nr. 52 ff. dieser
Sammlung). In ihnen spiegeln sich die verbreiteten Ängste vor der
Fremde und dem Fremden. Im südlichen Ausland ist der Tourist
nach Meinung der modernen Sagen von den vielfältigsten Gefah-
ren bedroht: unbekannten Krankheiten, bedrohlichen Speisen und
Getränken, und vor allem von gefährlichen Menschen aller Art –
Kindesentführern, Taschendieben, Betrügern, Fälschern, Hehlern,
Rauschgifthändlern, Vergewaltigern usw. Die moderne Sage ver-
tritt hier aller Mobilität des heutigen Menschen zum Trotz eine
Mentalität von der Art des „Bleibe im Lande und nähre dich red-
lich", und sie wird nicht müde, in immer neuen Variationen die
Gefahren des modernen Reisens in fremde Länder zu beschwören.
Der eigene Wagen erweist sich dabei nur solange als schützende
Hülle, wie man ihn nicht verläßt. Gerhard Polt hat in dem Film
„Man spricht deutsh" die germanischen Ängste vor Italien und den
Italienern in satirischer Drastik dargestellt.

51. Das Geisterschiff

Im Jahre 1984 erzählte mir ein Freund, Student aus Köln,
folgende Geschichte, die er während eines Segelurlaubs in
der südlichen Ägäis gehört hatte:

Während eines Griechenland-Urlaubs hatten sich zwölf
junge Leute aus Deutschland eine große Segelyacht ausgeliehen und kreuzten damit in der Ägäis. Mitten auf dem
Meer kamen sie während einer Flaute auf die Idee, schwimmen zu gehen. Nacheinander sprangen alle ins Wasser, zu-
letzt auch der Steuermann. Erst in diesem Augenblick be-
merkten sie zu ihrem Schrecken, daß sie vergessen hatten,
die Leiter der Yacht zum Wiedereinstieg herabzulassen.
Ohne Leiter fanden sie keine Möglichkeit, auf das Schiff zu-
rückzukommen. Es trieb ab, und alle zwölf Leute ertranken.

Briefliche Einsendung von W. Künsting, Bonn, am 4. September 1990 aufgrund freundlicher Vermittlung von Andreas Hartmann.

Unglücksfälle dieser Art scheinen sich auf hoher See, besonders im Mittelmeerbereich, häufig ereignet zu haben. Sie sind erst in den letzten Jahren seltener geworden, weil inzwischen bei Segelkursen und in Lehrbüchern (vgl. Schult 1986) auf die bei Verlassen des Schiffes auf hoher See drohenden Gefahren eindringlich hingewiesen wird. Vor einiger Zeit hat sich bereits das Nachrichtenmagazin „Der Spiegel" (Nr. 49, 1982, S. 244–246 „Tod im Tümpel") mit dem Thema der Jachtunfälle auf See auseinandergesetzt.

52. Echt Kamelleder

Ein junger deutscher Tourist sieht auf einem marokkanischen Basar eine todschicke, modische Reisetasche aus Leder. Nach längerem Feilschen geht das Stück in seinen Besitz über. Als er sie entgegennimmt, stellt er fest, daß die Tasche einen leichten Eigengeruch ausströmt, und weist den Verkäufer darauf hin. Dieser erwidert, das sei ein Zeichen von Qualität, es sei echt Kamelleder. Nach kurzem Gebrauch verfliege der Geruch.

Im Hotel wird die Tasche schon auf dem Flur deponiert, da das ganze Hotelzimmer danach stinkt. Im Bus zum Flughafen rücken die Mitreisenden zur Seite, da die Tasche mittlerweile einen bestialischen Gestank verströmt. Im Flugzeug beschweren sich die Passagiere über den üblen Geruch. Daraufhin wird die Tasche von der Stewardeß während des ganzen Fluges auf die Toilette verbannt. Zu Hause wird das gute Stück zum Auslüften auf dem Balkon deponiert. Nach über einem Jahr stinkt die Tasche immer noch und ist praktisch nicht zu gebrauchen.

Quelle: Briefliche Einsendung eines Außendienstmitarbeiters einer Glasgroßhandlung in Barsinghausen vom 7. September 1990.

Nach der Erstveröffentlichung dieses Textes zeichnet sich aufgrund vieler Zuschriften an den Herausgeber die Tatsache ab, daß manche Souvenirs aus den arabischen Ländern aus Lederarten hergestellt sind, die ihren durchdringenden Geruch nicht verlieren und in mitteleuropäischen Breiten daher als Gebrauchsartikel praktisch nicht zu verwenden sind.

53. Lynchjustiz

Ein Ehepaar aus Deutschland machte im eigenen Wohnwagen Urlaub in Ägypten. Als sie gerade zur nächsten Sehenswürdigkeit unterwegs waren, lief ihnen ein einheimisches Kind ins Auto. Der Unfall passierte auf einer Landstraße, weit und breit war kein Mensch zu sehen, den sie um Hilfe für das Kind bitten konnten. Der Mann nahm deshalb das Kind und fuhr es mit dem Wagen ins nächste Krankenhaus. Seine Frau sollte unterdessen im Wohnwagen an der Unfallstelle bleiben und auf die Polizei warten, die er benachrichtigen wollte. Nach etwa einer Stunde kam er zusammen mit einem Polizisten zurück. Inwischen hatten die Familienangehörigen des Kindes die Frau aus dem Wohnwagen gezerrt und an Ort und Stelle gelyncht.

Diese Horrorgeschichte erzählte im Juni 1990 eine 41jährige Hausfrau in Göttingen der Aufzeichnerin Angelika Netzband-Knopp. Sie hatte sie von einem Bekannten gehört, der mit seiner Frau selbst oft mit dem Wohnmobil im Ausland unterwegs ist. Es handelt sich hier um den Prototyp einer zeitgenössischen Wandersage, die Jahr für Jahr in immer neuen Variationen aus den verschiedensten südeuropäischen Ländern (vorzugsweise des Balkans) berichtet wird. Eine von D. Simonides (1987, 274 ff.) veröffentlichte polnische Fassung berichtet, daß ein Fernlastfahrer ein Zigeunerkind verletzt hat und daß die Familie des Kindes zur Strafe den Sohn des Fahrers, der in der Kabine des LKW zurückgeblieben war, zu Tode foltert.

54. Rauhe Sitten in Spanien

Zwei junge Männer aus Oldenburg waren vor einigen Jahren mit ihrem Wagen auf Urlaubsreise in Spanien. Auf der

Hinreise hielten sie einmal in einer kleineren Stadt vor einer Verkehrsampel. Beim Losfahren stand plötzlich – man wußte gar nicht, woher er kam – ein kleiner Junge neben dem Auto und machte mit einem Nagel an der einen Seite des Wagens entlang eine tiefe Kratzspur. Ebenso schnell, wie er gekommen war, verschwand der Junge wieder in einer Seitenstraße. Die beiden jungen Männer sprangen voller Empörung aus dem Wagen und verfolgten den Missetäter. Der kannte sich als Einheimischer in dem Gewirr der Gassen viel besser aus und entwischte den Verfolgern. Als sie schließlich abgehetzt zu ihrem Wagen zurückkamen, war dieser total ausgeraubt.

Quelle: Erzählt von einem 29jährigen Forstreferendar aus Oldenburg beim Pizzaessen im Mai 1990 in Göttingen. Er hatte die Geschichte vor ca. 10 Jahren von einem Oldenburger Mitschüler gehört, dessen Freunden die Sache in Spanien passiert sein soll. Passiert oder nicht? Das ist bei allen Geschichten in diesem Band stets die Frage. Die Wahrscheinlichkeit ist in diesem Falle höher als in anderen Fällen. Jugendbanden, die sich in südlichen Ländern auf diese oder ähnliche Weise am Eigentum von ausländischen Touristen schadlos halten, gibt es wohl tatsächlich, und die Konsulate der betreffenden Länder können ein Lied davon singen. Aber die Zahl der Schreckensgeschichten ist sicher um ein Vielfaches höher als die Zahl der tatsächlichen Fälle. Die Zahl der Schadensmeldungen bei den Reisegepäckversicherungen wahrscheinlich auch.

55. Der Kronleuchter

Eine Gruppe amerikanischer Geschäftsleute besucht in der Periode des Kalten Krieges Moskau, um wirtschaftliche Vereinbarungen zu treffen. Sie erhalten Zimmer in einem alten, vornehmen Hotel mit viel Plüsch und verstaubtem Luxus. Der Delegationsleiter traut der Pracht aber nicht und ist überzeugt, daß in den Zimmern Abhörvorrichtungen eingebaut sein müssen. Zusammen mit seinem Assistenten durchsucht er das gesamte Zimmer, sie können aber nichts

finden. Schließlich räumen sie auch noch den Teppich zur
Seite, und da stoßen sie mitten im Zimmer auf eine Metall-
platte mit einer Schraube darin. Jetzt sind sie überzeugt, den
Gefahrenherd ausfindig gemacht zu haben, und drehen die
Schraube heraus. Im gleichen Moment fällt unter ihnen im
Speisesaal der Kronleuchter von der Decke.

Erzählt im Januar 1987 von einem Geschäftsmann aus Frankfurt
auf dem Rückflug von Moskau im Laufe eines Erfahrungsaustau-
sches über die Moskauer Hotellerie.

Bei dieser Geschichte handelt es sich um eine Wanderzählung
mit internationaler Verbreitung; sie ist Ausdruck der oft übertrie-
benen Ängste – nicht nur der Amerikaner – vor den angeblich all-
gegenwärtigen Abhöreinrichtungen der Geheimdienste. Smith
(1986, 67) kennt die Geschichte mit einer britischen Regierungs-
delegation, Virtanen (1987, 10) hat sie bei Leningrad-Touristen in
Finnland aufgezeichnet, und in entpolitisierter Form wird sie von
Brunvand (1984, 94 f.) aus den Vereinigten Staaten überliefert:
Dort haben die frischvermählten Ehepaare bekanntlich große
Angst vor den Streichen, die man ihnen in der Hochzeitsnacht
spielt. Zwei Jungvermählte untersuchen deshalb ihr Hotelzimmer
sorgfältig und finden unter dem Bett im Teppich eine Aufwöl-
bung. Sie entfernen den Teppich und entdecken eine große Metall-
schraube. Aus Angst, daß sich darunter ein Tonbandgerät verber-
gen könnte, mit dem ihre Freunde die Geräusche der Hochzeitsnacht aufzeichnen wollen, lösen sie die Schraube. Am nächsten
Morgen fragt sie der Empfangschef, ob sie nicht nachts den Lärm
eines herabstürzenden Kronleuchters gehört hätten, der genau im
Bett eines anderen Ehepaares gelandet sei.

56. Das überfahrene Känguruh

Eine private Urlaubsreisegruppe von vier Personen aus Süddeutschland war letztes Jahr mit dem Mietwagen im australischen Busch unterwegs. Bei der Fahrt durch eine einsame
Gegend lief ihnen plötzlich ein Känguruh vor den Wagen.
Es wurde angefahren und zur Seite geschleudert. Sie stiegen

aus und wollten sich um das Tier kümmern, aber es war offenbar tot. Da sie gute Deutsche waren und wußten, daß sie einen Wildschaden angerichtet hatten, berieten sie kurz und beschlossen, in Ermangelung eines Forstamtes den nächsten Farmer um Rat zu fragen. Sie fuhren also zur nächsten Farm, aber der Besitzer lachte nur und meinte, sie bräuchten sich keine Sorgen zu machen: Känguruhs hätten sie genug im Lande, und auf eines mehr oder weniger käme es nicht an. Beruhigt wollten sie schon weiterfahren, als sie überlegten, daß es doch ganz gut wäre, das Känguruh auf ihren Urlaubsfotos festzuhalten. Zu diesem Zweck fuhren sie an die Unfallstelle zurück, wo ein Mitglied der Gruppe auf die Idee kam, dem Känguruh sein Jackett anzuziehen und es aufrecht gegen einen Baum zu lehnen, um ein originelles Urlaubsfoto zu schießen. Kaum hatte er sich aber einige Schritte von dem Baum entfernt, als das Känguruh sich plötzlich wieder zu regen begann und mit weiten Sätzen davonsprang, noch bekleidet mit dem Jackett. Da sich darin die Brieftasche des Besitzers mit Ausweis, Flugticket, Reiseschecks und seiner gesamten Barschaft befand, bedeutete es für den Mann eine langwierige und mit peinlichen Fragen verbundene Prozedur bei diversen australischen Behörden und beim Deutschen Konsulat, bis er Ersatzausweis und -ticket erhielt.

Quelle: Briefliche Mitteilung von Dipl.-Oec. Reinhard Baur, Augsburg, vom 25. August 1990. Die Geschichte wurde einem seiner Freunde im Herbst 1985 von einer Bekannten als wahr erzählt. Im Sommer 1988 hörte er an der Universität Augsburg von einer Studienkollegin die gleiche Geschichte, die angeblich der Schwester einer Freundin passiert sei, und sandte mir daraufhin nach der Lektüre der „Spinne in der Yucca-Palme" seine Aufzeichnung zu.

Was der Leser hier mitteilt, ist eine moderne Sage australischen Ursprungs. Nach den Forschungen von Amanda Bishop (1988, 26–32) geht die Erzählung auf eine Geschichte mit dem Titel „Famous old bush yarn" zurück, die der australische Schriftsteller Ron Edwards in den dreißiger Jahren in seinem Buch „Yarns and Ballads of the Australian Bush" veröffentlicht hat. Auch in dieser

Version wird das Känguruh zunächst überfahren und entkommt mit 200 Dollar in der Tasche, aber in der zweiten Hälfte der Erzählung überwiegen dann die phantastischen Elemente: Das mit dem Jackett bekleidete „Roo" lernt mit dem Geld in seiner Jackentasche umzugehen und wird Stammgast in einer Kneipe, wo es 15 Jahre damit zubringt, die 200 Dollar in Bier umzusetzen. Die moderne Sage, die sich aus dieser australischen Lügengeschichte (tall tale) entwickelte, hat die phantastischen Elemente der Quelle abgestreift. Sie dient jetzt dazu, sich über übermütige ausländische Touristen lustig zu machen, die für die Natur keine Achtung mehr haben, sondern sie nur noch als Kulisse für ihre Urlaubsfotos gebrauchen. Die Nationalität der Touristen in den mündlichen Varianten wechselt: In den fünfziger Jahren wurde die Geschichte von einem englischen Cricket-Team berichtet, 1986 wird sie in einer Sydneyer Zeitung von den Mitgliedern der italienischen Yacht „Italia" berichtet, die am Segelwettbewerb um den America's Cup teilnahmen, und bei Klintberg (1990, 190 f.) wird sie auf schwedische Touristen übertragen. An dem Betrag von 200 Dollar in der Jackentasche halten fast alle Varianten fest.

Die Känguruhgeschichte ist auch nach Nordamerika gewandert. Dort spielt sie in verschiedenen Nationalparks, allerdings mit einem Bären als Hauptperson, der für das Scherzfoto mit Jacke, Sonnenbrille, Mütze und Fernrohr ausgerüstet wird und damit verschwindet. In einer Variante aus dem Yellowstone Park verliert eine Familie ihr Baby, das man, um ein originelles Urlaubsfoto zu machen, einem harmlos aussehenden Bären zum Halten gegeben hat. Noch eine andere Version weiß davon, daß ein Jäger sein teures Gewehr mit Zielfernrohr quer über das Geweih eines vermeintlich erlegten Riesenhirsches drapiert und daß sich das Tier damit davonmacht (vgl. die Belege bei Brunvand 1986, 24 f.).

57. Unfreiwillige Organspende

Ein Bremer Ehepaar fährt nach Istanbul, um dort einige Tage zu verbringen. Die beiden streifen des öfteren durch den Basar, die Frau meistens dem Mann voran, der offenbar älter ist und nicht mehr ganz so schnell und beweglich wie

sie. Als sie sich wieder einmal umdreht, um nach ihrem Mann Ausschau zu halten, sieht sie ihn nicht mehr. Sie geht zurück, sucht ihn, findet ihn aber nicht. Mit Hilfe von Einheimischen gelangt sie zum nächsten Polizeibüro und versucht dort klarzumachen, daß sie ihren Mann vermißt. Schließlich wird sie auf die Deutsche Botschaft verwiesen. Dort erkundigt man sich bei der Polizei, aber man findet keine Spur von dem Mann. Die Frau bleibt im Hotel und stellt täglich Nachforschungen an. Nach einigen Tagen wird sie schließlich angerufen und gebeten, ein Krankenhaus aufzusuchen. Dort sei ein Mann eingeliefert worden, den man bewußtlos am Strand gefunden habe. In der Tat identifiziert sie den Patienten als ihren Mann. Er befindet sich in schlechtem Zustand. Er wird sofort mit einem Flugzeug nach Bremen zurückgeflogen. Dort wird er untersucht. Der untersuchende Arzt fragt die Frau, ob der Mann in letzter Zeit operiert worden sei. Sie verneint dies. Es stellt sich heraus, daß er auf der rechten Seite in Höhe der Niere eine frische, gut vernähte Wunde hat. Die Frau verlangt, daß man sofort weitere Untersuchungen anstellt. Sie ergeben sehr rasch, daß ihm offensichtlich vor kurzem eine Niere entnommen worden ist.

Die Geschichte wurde im Sommer 1990 auf einer Geburtstagsfeier in Rinteln von einem Bremer Ehepaar erzählt, das behauptete, es habe den kranken Mann inzwischen sogar gesehen, wenn auch offenbar nicht kennengelernt. Ein weiterer Gast glaubte, er habe das Erzählte vor einiger Zeit als Kurzgeschichte in einer Zeitung gelesen. Ein weiterer Gesprächsteilnehmer dagegen meinte, dieselbe Geschichte sei ihm auch bereits erzählt worden, jedoch habe sie sich nach seinen Gewährsleuten in den Vereinigten Staaten abgespielt.

Aufgezeichnet von Dr. Ernst-Peter Wieckenberg und am 7. September 1990 übermittelt durch Dr. Raimund Bezold, Beck'sche Verlagsbuchhandlung, München.

Diese Geschichte hatte im Herbst 1990 aus unerfindlichen Gründen in Deutschland Hochkonjunktur. Mir wurde sie innerhalb einer Woche fünfmal eingesandt, und die Gesamtzahl der mir verfügbaren Varianten beläuft sich mittlerweile auf 20. Sie spielt abwechselnd auch in Rumänien, Bulgarien oder Südamerika, der Organspender wider Willen wird stets an einem verlassenen Strand wiedergefunden und behält meistens eine schwer heilende Narbe zurück, weil die Operation unsachgemäß ausgeführt worden sein soll. Möglicherweise geht diese temporäre Popularität der Erzählung darauf zurück, daß sie Gegenstand einer deutschen Fernsehsendung war und 1979 im ZDF in dem Thriller „Fleisch" (von Rainer Erler, mit Jutta Speidel) verwendet wurde. Die in der Geschichte zum Ausdruck kommende Angst vor „Organdiebstahl" geht mittlerweile so weit, daß man Auslandsreisende davor warnt, ihren Organspenderausweis mitzunehmen, da man durch die darin enthaltenen Angaben den Verbrechern die Arbeit noch zusätzlich erleichtern würde.

58. Gefährliche Hasenjagd

Ein Mann aus einer australischen Stadt fuhr einmal hinaus aufs Land, um Hasen zu jagen. Er war in der Kunst des Hasenjagens aber wenig bewandert und hatte daher am ersten Tag keinerlei Erfolg. Daraufhin besprach er die Sache abends im Pub bei einem Bier mit einigen Einheimischen, und ein alter Hasenfänger verriet ihm den folgenden Trick: Er solle einen Hasen fangen, so riet er ihm, und ihm eine kleine Ladung Dynamit an den Schwanz binden. Dann solle er die Zündschnur anzünden und den Hasen losrennen lassen. Dieser spränge dann vor Angst in seinen Bau und jage alle Gänge mitsamt seiner ganzen Hasenfamilie in die Luft. Er brauche dann nur noch aufzusammeln.

Der Mann dankte für den Rat und verabschiedete sich. Er war aber ein so schlechter Jäger, daß er es am nächsten Tag noch nicht einmal fertigbrachte, einen einzigen Hasen zu fangen, um ihm das Dynamit an den Schwanz zu binden. Deshalb beschloß er, in der Tierhandlung einen Hasen zu kaufen und mit ihm sein Glück zu versuchen. Er nahm das Tier hinaus zu einer Stelle, an der nach seinen Beobachtungen Dutzende von Hasen ihren Bau hatten. Er befestigte das Dynamit, setzte die Zündschnur in Brand und versteckte sich hinter einem Baum. Das arme Tier lief zuerst völlig verschreckt im Kreis herum und suchte schließlich nach irgendeinem Schutz. Seine Wahl fiel – auf den Landrover des Jägers, der bei der anschließenden Detonation in die Luft flog.

Erzählt von einer Abiturientin aus dem Harz, die nach der Reifeprüfung ein Jahr in Australien zugebracht hat und die Geschichte 1988 auf einem Campingplatz im Westen Australiens gehört hat.

Eine ähnlich lautende Variante ist von Bishop (1988, 41f.) in Australien aufgezeichnet worden. Die Sammlerin weist nach, daß es sich bei der Geschichte um ein altehrwürdiges Stück australischen Jägerlateins oder Bush Yarns handelt, das, wie unser Text Nr. 56, bis in die klassische Sammlung von Ron Edwards, „Yarns and Ballads of the Australian Bush" (Neuausgabe Sydney 1981) zurückverfolgt werden kann. Offenbar ist auch diese Jäger-Lügengeschichte (englisch: tall tale) international verbreitet, denn bei Brunvand (1984, 67f.) findet sich ein motivisch eng verwandtes amerikanisches Pendant:

Ein Mann aus Colorado campte mit seinem Wohnwagen in der Wildnis, wo ihm eines Tages ein verwundeter Kojote über den Weg lief. Da er als Farmer Kojoten haßte, wollte er sich mit dem Tier einen kleinen Spaß machen. Von Rodungsarbeiten auf seiner Farm hatte er noch etwas Dynamit übrig behalten, er befestigte eine Ladung davon am Schwanz des Kojoten, zündete die Zündschnur an und versteckte sich hinter einigen Bäumen, um zu beobachten, was passierte. Zu seinem Schrecken sah er, wie sich das Tier mit letzter Kraft genau unter den Wohnwagen schleppte und ihn samt dem Auto in die Luft sprengte. Das Gespann war neu, und natürlich lehnte die Versicherung es ab, den Schaden zu bezahlen.

Zum besseren Verständnis dieser Variante: der Kojote ist eine beliebte Trickstergestalt der amerikanischen Volkserzählung.

59. Die Lionel-Ritchie-Story

Sie darf in keiner Sammlung moderner Sagen fehlen, und sie soll auch hier ihren Platz erhalten, obwohl – oder besser weil – kein Fünkchen Wahrheit an ihr ist:

Eine alte Dame aus dem ländlichen Amerika fuhr vor einigen Jahren in eine große Stadt, die für ihre Kriminalität berüchtigt ist. In ihrem Hotel stieg sie in den Lift. Dort traf sie auf einen großen schwarzen Mann – den Pop-Sänger Lionel Ritchie – mit einem großen schwarzen Hund. Ritchie sagte bei ihrem Eintreten kurz und energisch „down", worauf die alte Dame sich auf den Boden warf. Der Sänger, der seinen Hund gemeint hatte, fand diesen „besten Gag der letzten Jahre" so komisch, daß er seiner Lift-Gefährtin ihre Hotelrechnung bezahlte.

Quelle: FAZ Magazin Nr. 376 vom 15. Mai 1987, S. 8 (mit dem Hinweis, daß die Nachricht nicht stimmt).

Diese Pop-Anekdote ist mit Hilfe der Presse einmal um die ganze Welt gegangen und millionenfach – auch in unserem Land – nacherzählt worden. Brunvand (1984, 18–28) hat ihr in seinem Buch „The Choking Doberman" ein eigenes Kapitel gewidmet („The Elevator Incident") und herausgefunden, daß diese Geschichte Anfang des Jahres 1982 in New York das Licht der Welt erblickt hat und ursprünglich von dem amerikanischen Baseballspieler Reggie Jackson, ebenfalls einem Schwarzen, erzählt wurde.

Großstadtangst, Klaustrophobie, rassische Vorurteile, Angst vor Hunden und weibliche Angst vor Männern vereinen sich in dieser kleinen Geschichte zu einem fast schon klassischen psychologischen Lehrbeispiel.

V. Sexualität

60. Die Antibabypille

Ich erinnere mich an eine Geschichte aus der Zeit, als die Antibabypille aufkam. Sie handelt von einem jungen Mädchen in Fulda. Es hatte einen Freund und traf sich häufig mit ihm, um in seiner Bude heimlich mit ihm zu schlafen. Obwohl sie Kondome benutzten, hatte das Mädchen immer Angst vor einer Schwangerschaft, zumal es noch sehr jung war und seine Ausbildung längst noch nicht abgeschlossen hatte. Zum Arzt traute sie sich nicht, weil er ihr wegen ihres Alters die Pille damals sicher noch nicht verschrieben hätte.

Eines Tages fand sie beim Aufräumen des elterlichen Schlafzimmers im Nachttisch der Mutter eine Packung mit Antibabypillen. Sie dachte, daß die Mutter sie vielleicht nicht mehr brauchte, und beschloß, sie selbst zu verwenden. Damit ihre Mutter aber nichts merkte, ersetzte sie die Pillen durch Aspirintabletten.

Die Pillen taten bei dem Mädchen ihren Dienst, die Mutter allerdings wurde wenige Monate später schwanger.

Erzählt im November 1989 von einer 38jährigen Bibliothekarin in Göttingen, geboren in Fulda.

Diese Geschichte ist tatsächlich so alt wie die Antibabypille und auf beiden Seiten des Atlantiks bestens bekannt (vgl. Smith 1983, 46). Für die Popularität des Themas im angelsächsischen Bereich spricht die Tatsache, daß Hugh Mills es in dem Roman „Prudence and the Pill", der 1965 auch verfilmt wurde, als Zentralmotiv verwendet. Hier entdeckt der Ehemann bei seiner Frau einen Vorrat an Pillen und wundert sich, weil er mit ihr seit 15 Jahren eine eher platonische Beziehung unterhält. Er ersetzt die Pillen durch Aspirin, mit dem Erfolg, daß nicht nur seine Frau schwanger wird, sondern auch seine Schwägerin, seine Nichte, seine Geliebte und das Dienstmädchen. Zu den Pillengeschichten paßt die folgende Gagerzählung, die mir von einer früheren Grazer Studentin aus Vorarlberg berichtet wurde. Zu der Zeit, als die Pille als Empfängnisverhütungsmittel gerade erst aufkam und von der katholischen Kirche völlig abgelehnt wurde, soll es in einer Vorarlberger Gemeinde einen etwas liberaleren und auch listigen Pfarrer gegeben haben. Als die Mädchen seiner Jungschargruppe mit ihm über das Pillenproblem sprachen, empfahl er ihnen, das Medikament einfach zu zerstoßen, denn es sei zwar die Pille verboten, aber zu einem daraus gewonnenen Pulver habe sich der Heilige Vater nie geäußert...

61. Der eingefrorene Tankverschluß

In der Gegend von Northeim hat sich vor einigen Jahren an einem eiskalten Winterabend folgende Geschichte zugetragen: Auf einer einsamen Landstraße kam der Fahrer eines Lieferwagens an einem Motorradfahrer vorbei, der am Straßenrand stand und offenbar Probleme mit seiner Maschine hatte. Es schneite, und der Motorradfahrer war mit Helm und Lederkleidung dick vermummt. Der Autofahrer hielt an und bot seine Hilfe an. Es stellte sich heraus, daß dem Motorradfahrer der Sprit ausgegangen war. Glücklicherweise hatte der Wagenfahrer einen Reservekanister bei sich, aber der erste Versuch, dem Motorrad eine Spritze zu verpassen, mißlang, weil der Tankdeckel eingefroren war. „Da hilft nur noch eins", sagte der Autofahrer, öffnete seinen Hosenlatz und pinkelte auf den Tankverschluß. Danach ging alles bestens vonstatten, und nach einem freundlichen Dank setzten beide ihre Fahrt fort.

Zu seinem großen Erstaunen wurde der Autofahrer am darauffolgenden Sonntag beim Kirchgang vom Pfarrer beiseite genommen; dieser dankte ihm herzlich für die Hilfe, die er in jener Nacht seiner Tochter geleistet hatte.

Erzählt im Juli 1990 von einer wissenschaftlichen Mitarbeiterin, 29, in Göttingen, die die Geschichte einige Jahre zuvor in Northeim gehört hat. In einer Variante aus der gleichen Gegend friert dem Autofahrer der Penis am Tankdeckel fest, er muß den Arzt aufsuchen, während die Motorradfahrerin mit einem Lappen als Tankverschluß ihre Fahrt fortsetzt.

Parallelen zu dieser Erzählung fanden sich bisher nur in England (Smith 1986, 35). Hier erhält der Chef des Autofahrers einige Tage später einen Dankbrief vom Dorfpfarrer; in anderen Varianten leistet eine Polizeistreife der Pfarrerstochter Hilfe.

62. Geburtstagsüberraschung

Der Chef eines großen Exportbüros in Hamburg beschäftigte im Vorzimmer eine attraktive Sekretärin, die er seit Jahren heimlich bewunderte. Aber er brachte nie den Mut auf, sich ihr zu nähern, so daß ihre Beziehungen lange Zeit rein dienstlicher Natur blieben. Aber eines schönen Tages, ausgerechnet an seinem Geburtstag, änderte sich zu seiner großen Überraschung ihr Verhalten ihm gegenüber ganz plötzlich: Sie war besonders liebenswürdig und zuvorkommend, und am Nachmittag schlug sie sogar vor, den Dienst ausnahmsweise früher zu beenden und den Rest des Tages in ihrer Wohnung zu verbringen. Bei der Ankunft in ihrem Appartement servierte sie ihm einen Drink und verschwand im Schlafzimmer, wo sie noch etwas vorbereiten wollte. Seine Erwartungen auf ein erotisches Abenteuer steigerten sich dadurch so gewaltig, daß er kurzerhand seine Kleider ablegte und im Adamskostüm ihre Rückkehr erwartete. Die Tür zum Nebenzimmer ging auf, und darin standen seine Ehefrau, seine Kinder, Freunde und Kollegen mit einer riesigen Geburtstagstorte und sangen: „Happy birthday to you..."

Quelle: Erzählt von einem 26jährigen Studenten aus Harburg, der die Geschichte einige Jahre zuvor von seinen Eltern gehört und bei der Lektüre der „Spinne in der Yucca-Palme" vermißt hatte.

Dieser Evergreen unter den modernen Sagen ist bereits aus den dreißiger Jahren bezeugt und wurde neuerdings auch als Episode in dem Film „Ein Elefant irrt sich gewaltig" (Frankreich 1976) verwendet. Zahlreiche amerikanische Varianten sind bei Brunvand 1983, 108–111 und 1984, 221 f. abgedruckt, eine englische Version bei Smith 1983, 34.

63. Peinlicher Irrtum

Ein englischer Flugkapitän brachte einmal über das Wochenende einen Kollegen mit nach Hause. Unglücklicherweise hatte er aber vergessen, seine Frau zu informieren. Als die beiden Männer ankamen, war die Frau unterwegs zum Einkaufen. Der Gastgeber bot dem Gast einen Drink an und schlug ihm dann vor, daß er sich duschen und erfrischen solle, während er noch einige Besorgungen machen wollte. Ohne Kenntnis von diesen Vorgängen kam in der Zwischenzeit die Frau nach Hause und begann den Tee vorzubereiten. Als sie Geräusche im Badezimmer hörte, vermutete sie, ihr Mann sei angekommen, ging die Treppe hinauf und öffnete die Badezimmertür. Der Raum war voller Dampf, und alles, was sie sehen konnte, war eine Gestalt, die ihr den Rücken zukehrte und sich abtrocknete. Sie ergriff zum Scherz seine Hoden, schüttelte sie und rief: „Ding-dong. Der Tee ist fertig, Liebling." Ihren Irrtum merkte sie erst, als sie wieder die Treppen hinunterging und ihren Ehemann durch die Tür eintreten sah.

Quelle: Erzählung einer Göttinger Biologin, 40, nach dem gemeinsamen Besuch des Films „The Big Easy – Der große Leichtsinn" (USA 1987), in dem diese Geschichte als Motiv Verwendung gefunden hat. Ihr Ursprung liegt wahrscheinlich in den USA, wo sie zuerst 1940 in Los Angeles aufgezeichnet worden ist. Vgl. Gershon Legman, Der unanständige Witz. Hamburg 1970, 723 f.

64. Die Halloween-Party

Halloween in den USA hat Ähnlichkeit mit Fastnacht in Europa. Man besorgt sich originelle Maskierungen, verkleidet sich und besucht Partys, bei denen die herkömmliche Ordnung für eine Nacht auf den Kopf gestellt wird.

Auf einem in amerikanischen Büros kursierenden fotokopierten Blatt („Xerox-lore") wird folgende Halloween-Geschichte berichtet: Ein Ehepaar wird zu einer Halloween-Party eingeladen, und die Frau leiht für beide Ehepartner ein Kostüm aus. Am Partyabend hat die Frau aber heftige Kopfschmerzen und fühlt sich zu schlecht, um der Einladung folgen zu können. Sie drängt aber ihren Mann, ohne sie zu der Party zu gehen und einen schönen Abend zu verbringen. Verärgert zieht er sein Kostüm an und geht, sie nimmt einige Aspirin und legt sich zu Bett. Abends gegen neun Uhr wacht sie ohne Spur von Kopfschmerz auf und verkleidet sich, um doch noch zu der Party zu gehen. Und da ihr Mann ihr Kostüm nicht gesehen hat, beschließt die Frau, inkognito zu bleiben und zu beobachten, wie sich ihr Mann in ihrer Abwesenheit verhält.

Als sie auf der Party ankommt, sieht sie ihn in seinem Kostüm, wie er mit verschiedenen Frauen tanzt und mit ihnen flirtet. Daraufhin beginnt die Frau unter dem Schutz ihrer Maskierung, ebenfalls mit ihm zu flirten. Sie tanzt mit ihm und erlaubt ihm schließlich, mit ihr in eines der leeren Schlafzimmer zu gehen, wo sie sich lieben, ohne ihre Masken abzusetzen. Noch vor der mitternächtlichen Demaskierung schleicht die Frau nach Hause und wartet dort auf die Heimkehr ihres Ehemannes. Sie sitzt lesend im Bett, als er endlich heimkommt. Er fragt sie, wie es ihr geht. Sie sagt, daß sie sich viel besser fühlt, und fragt ihn, was er auf der Party getrieben habe. „Och, es ist immer das gleiche. Ich habe nie viel Spaß, wenn du nicht dabei bist." – „Hast du viel getanzt?" – „Nein", antwortet er, „nicht einen einzigen Tanz. Ich traf einige andere Männer, die auch allein da waren, mit denen bin ich weggegangen, und wir haben Poker gespielt. Aber der Kerl, dem ich mein Kostüm geliehen habe, der hat mir gesagt, er habe sich bestens amüsiert."

Quelle: Xerokopie, die ich im November 1988 beim Besuch der Indiana University in Bloomington erhalten habe. Zu dieser nicht seltenen Erscheinungsform moderner Sagen in Gestalt von sogenannter „Bürofolklore" vgl. die Sammlungen von Alan Dundes und Carl R. Pagter: Work hard and you shall be rewarded. Urban folklore from the paperwork empire. Bloomington 1975; Uli Kutter: „Ich kündige!" Zeugnisse von Wünschen und Ängsten am Arbeitsplatz. Eine Bestandsaufnahme. Marburg 1982; Paul Smith: Reproduction is fun. A book of photocopy joke sheets. London 1986.

65. Revanche

Eine junge Tierärztin in Suhl/Thüringen war oft nachts mit dem Wagen unterwegs, weil sie eine Reihe von LPGs zu betreuen hatte, die weit von ihrem Wohnort entfernt lagen. Eines Nachts war sie wieder spät mit ihrem Wartburg auf der Heimfahrt, als sie im Scheinwerferlicht zwei Männer winkend am Straßenrand stehen sah. Aus Mitleid hielt sie an und nahm die beiden mit. Kaum waren sie im Wagen, zogen sie ein großes Messer und zwangen die Fahrerin, auf eine Seitenstraße einzubiegen, wo sie sie nacheinander vergewaltigten. Nachdem alles vorüber war, erwies sich die Frau jedoch als ausgesprochen höflich und fragte die Männer, ob sie nicht Lust hätten, den angebrochenen Abend in Freundschaft zu beschließen und auf einen Drink mit in ihre Wohnung nach Suhl zu kommen. Die beiden waren überrascht, willigten aber ein.

In der Wohnung angekommen, mixte die Ärztin einen Cocktail mit einem starken Schlafmittel und schläferte die beiden Täter ein. Als sie am nächsten Morgen aufwachten, waren sie beide kastriert.

Quelle: Erzählung eines 34jährigen Krankenpflegers, Übersiedlers aus Suhl in der DDR, am 21. Mai 1990 in Bad Soden-Allendorf nach dem Bericht eines Berufskollegen in der DDR, der die Tierärztin gekannt haben will.

Da diese Geschichte auch aus mehreren anderen Orten diesseits und jenseits der Grenze belegt ist, gehört das Thema in den Bereich der modernen Sagen, und zwar in den Umkreis der Rache-Phantasien. In der Erzählung stoßen zwei Extremsituationen – Vergewaltigung und Kastration – aufeinander. Aus der Sicht der Frau stellt die gewaltsame Erzwingung des Geschlechtsverkehrs eindeutig die größte sexuelle Angst dar, beim Mann ist unter allen denkbaren körperlichen Vorgängen die Kastration mit den meisten Ängsten besetzt: Insofern erscheint die in der Erzählung geübte Rache der Frau als durchaus folgerichtig.

Als Racheexzeß mutet die Kastration dagegen in einer anderen modernen Erzählung an, die sich in den sechziger Jahren an der Universität zugetragen haben soll: Ein Bonner Medizinstudent unterhielt intime Beziehungen zu zwei Kommilitoninnen. Die beiden entdeckten nach einer gewissen Zeit die bigamistischen Neigungen ihres Partners, und aus den Nebenbuhlerinnen wurden Komplizinnen. Unter dem Vorwand eines erotischen Abenteuers zu dritt lockten sie ihn in die Wohnung der einen Studentin. Dort mischten sie ihm ein Betäubungsmittel ins Getränk und kastrierten den Wehrlosen. (Mitgeteilt am 11. 6. 1990 von einem Leser der „Spinne in der Yucca-Palme" aus Mülheim/Ruhr, der die Geschichte damals für bare Münze genommen und sie als Warnung vor Vielweiberei im allgemeinen und vor Medizinstudentinnen im besonderen verstanden hatte.)

Parallelen zu „Revanche" sind uns aus ausländischen Sammlungen bisher nicht bekannt, jedoch kommt das Kastrationsmotiv in anderem Zusammenhang bei Ehebruchsgeschichten vor. In den USA kursieren in vielen Varianten Geschichten von einer Ehefrau, die ihren Mann in flagranti mit einer fremden Frau im Ehebett überrascht und mit der Kastration schreckliche Rache an ihm verübt. In weniger martialisch verlaufenden Fällen klebt sie ihm mit Sekundenkleber nur die Beine zusammen und versöhnt sich nach der Klinikbehandlung wieder mit ihm (vgl. Glazer 1985).

66. Von Kopf bis Fuß tätowiert

Diese Geschichte wurde mir 1981 von meinem damals 46jährigen Vater in Langelsheim bei Hannover erzählt, und zwar im Brustton der Überzeugung, es handle sich dabei um eine wahre Geschichte:

Die Angehörigen eines Damenkegelklubs aus Seesen am Harz, in ihrer Mehrzahl bei der Seesener Stadtverwaltung beschäftigt, pflegten ihren Jahresausflug ohne Männer zu machen. In einem Jahr fuhren sie nach Hamburg. Zu fortgeschrittener Stunde unternahmen sie, wohl schon unter Alkoholeinfluß, nach einem Reeperbahnbummel einen Streifzug durch das Rotlichtviertel an der Herbertstraße in St. Pauli. Dort sind bekanntlich schaulustige Frauen nicht sehr erwünscht. Die Seesener Frauen machten sich über die auf Kunden wartenden Prostituierten lustig. Zwei der Frauen trieben es mit dem Spott besonders übel und wurden deshalb Opfer der Rache von Zuhältern. Die beiden Frauen wurden von den Zuhältern zu einem Drink eingeladen und dabei narkotisiert. Sie wachten am nächsten Morgen in ihrem Hotel auf und waren von Kopf bis Fuß tätowiert. Eine der beiden Frauen, von deren Arbeitskollegin mein Vater die Geschichte gehört hat, verläßt seitdem ihr Haus nicht mehr, weil sie sich nicht mit den Tätowierungen zeigen will. Sie hat aufgehört zu arbeiten und ist obendrein von ihrem Mann verlassen worden, der das Zusammenleben mit ihr nicht mehr ertragen konnte.

Briefliche Mitteilung eines früheren Göttinger Studenten aus Langelsheim, jetzt in Lyon, ausgelöst durch die Lektüre der Geschichte Nr. 31 („Pornofotos aus Kopenhagen") in „Die Spinne in der Yucca-Palme". Die Erzählung gehört zum Genre der „Rache"-Geschichten. Aus Ländern außerhalb des deutschen Sprachraumes ist sie bisher nicht belegt. Ihre Glaubwürdigkeit ist eher gering einzuschätzen, da es als unwahrscheinlich gelten muß, daß eine (im übrigen sehr teure) Ganzkörpertätowierung innerhalb einer Nacht und in Narkose ausgeführt werden kann.

67. Die Witwe von Kilkenny

Zwei Männer in Irland mit Namen John und Mick verbrachten einen Tag gemeinsam in Kilkenny, und da sie Spaß miteinander hatten, beschlossen sie, die Rückreise nach Dublin bis zum nächsten Tag zu verschieben. Sie wollten über Nacht in dem hübschen Hotel bleiben, dessen Besitzerin – eine attraktive Witwe – sie kennengelernt hatten. Es wurde ein wundervoller Abend in der Bar, und dann ging jeder auf sein Zimmer. Als alles ruhig war, schlich sich Mick jedoch in das Zimmer der Witwe, und wenn irgend jemand dagewesen wäre, hätte er ihn sehen können, wie er erst am frühen Morgen in sein eigenes Zimmer zurückkam. Als sie abreisten, nahm die Witwe Mick beiseite: „Ich weiß zwar, daß ihr eure Namen in das Gästeregister eingetragen habt, aber ich möchte doch genau wissen, wer wer ist", sagte sie, und gab ihm ein Notizbuch mit Stift. Mick, der ein schneller Denker war, gab ihr Johns Namen und Adresse. Mick hatte die Episode in Kilkenny längst vergessen, als er neun Monate später einen Telefonanruf von John erhielt. Der Anrufer war völlig aufgeregt: „Hello! Hello! Ist dort Mick? Hör mal, erinnerst du dich an unseren Ausflug nach Kilkenny? Ja, nach Kilkenny. Also, ich weiß nicht, was ich davon halten soll. Ich habe einen Brief von einem Rechtsanwalt aus Kilkenny bekommen. Erinnerst du dich an die nette Witwe, in deren Hotel wir wohnten? Nun, der Rechtsanwalt schreibt, sie ist gestorben und hat mir das Hotel und eine Menge Geld hinterlassen. Ich verstehe das nicht."

Mündliche Überlieferung aus der Republik Irland. Nach der Erzählung von Kevin O'Nolan aus Dublin, veröffentlicht von der irischen Folkloristin Éilís Ní Dhuibhne in der Zeitschrift Béaloideas 51, Dublin 1983, S. 65. Diese irische Erzählung ist zum einen der Ausdruck männlicher Sexualphantasien, andererseits aber auch ein Exempel der Angst davor, daß sich Scheinheiligkeit bzw. Superschläue im Umgang mit dem anderen Geschlecht letztens Endes rächt, übrigens exakt nach neun Monaten!

68. Sex on Video

Ein vielbeschäftigter Geschäftsmann aus Düsseldorf kam eines Abends nach Hause, wo seine Frau zu seiner großen Überraschung ein prächtiges Abendessen mit Kerzen und Champagner vorbereitet hatte. Auf seine erstaunte Frage nach dem Anlaß antwortete sie, er solle sich heute ausnahmsweise einmal entspannen und einen seiner seltenen Abende mit ihr daheim genießen. Als sie das delikate Abendessen eingenommen hatten, machte seine Frau den Vorschlag, gemeinsam ein Videoband anzusehen, welches sie besorgt hatte.

Sie setzten sich bequem aufs Sofa, und seine Frau startete den Videorecorder. Auf dem Bildschirm erschienen Farbaufnahmen des Mannes, der die tollsten Liebesspiele trieb, und zwar mit der Nachbarin vom gleichen Flur. Seine Frau erklärte ihm, sie habe die ganze Zeit schon Verdacht geschöpft und schließlich einen Detektiv engagiert, der ihm bei seinen Seitensprüngen auf die Spur gekommen sei. Diesem Detektiv verdanke sie die Videoaufnahmen.

Aufgezeichnet und eingesandt von einem Leser der „Spinne in der Yucca-Palme", Steuerberater aus Düsseldorf, am 14. September 1990.

Erzählungen von überführten Ehebrechern sind alt und weitverbreitet; zur „modernen" Sage werden sie hier durch die moderne Technik. Ehebrecher muß man nicht mehr in flagranti ertappen. Mit der Videokamera läßt sich das Intimleben des fremdgehenden Ehepartners elegant dokumentieren.

69. Der Voyeur am Schlüsselloch

Meine Freundin wohnt in einem Münchner Vorort in einem Hochhaus mit jeweils fünf Wohnungen auf dem Stockwerk. An einem Freitagnachmittag beschloß sie, ein ausgiebiges Bad zu nehmen. Sie nahm sich etwas zu lesen mit in die Badewanne, hörte Musik und telefonierte. Gelegentlich ließ sie heißes Wasser nachlaufen, um den Badespaß zu verlängern. Die Tür zum Flur ließ sie offen, weil sie ihren Ehemann zurückerwartete und von der Badewanne aus zur Flurtür blicken konnte.

Nach einer Weile hörte sie vor ihrer Wohnungstür merkwürdige Geräusche und schließlich einen handfesten Krach, der von Männerstimmen herrührte. Am Ende kamen auch noch das Martinshorn eines Polizeiwagens und die Stimmen von Polizisten hinzu. Als ihr Mann endlich die Wohnung betrat, hatte er ein blaues Auge, und es stellte sich folgendes heraus: Als er beim Nachhausekommen aus dem Fahrstuhl trat, kniete vor seiner Wohnungstür ein Mann und starrte unverwandt durch den Briefkastenschlitz in die Wohnung, in der seine Frau badete. Auf die Vorwürfe des Ehemannes reagierte der Ertappte mit einem Faustschlag aufs Auge, so daß der Angegriffene schließlich die Polizei zu Hilfe rufen mußte. Der Voyeur hatte die Unverfrorenheit besessen, in einem belebten Treppenhaus mit fünf Abschlußtüren auf einer Etage meine badende Freundin in aller Seelenruhe stundenlang zu beobachten. Ist das nicht eine Frechheit?

Aufgezeichnet am 14. April 1990 in einem Kursanatorium in Bad Wiessee nach der Erzählung einer Münchner Sekretärin, ca. 40 Jahre alt. Was mehr an eine Sage als an einen Erinnerungsbericht denken läßt, ist die Tatsache, daß die Frau den ganzen Verlauf der Ereignisse von der Badewanne aus verfolgt und ihre Neugier bis zur Rückkehr des Mannes zügelt.

70. Batman

Die Rettungssanitäter staunten: Der Verletzte, den sie in die Klinik bringen sollten, sah so aus wie Kinoheld „Batman". Fast. Der junge Mann trug ein Batman-Kostüm, das Oberkörper und Arme umschloß, doch am Nabel war Schluß. Weiter abwärts trug Batman nichts als blanke Haut. Noch

am Unfallort diagnostizierte der Notarzt Knochenbrüche an beiden Händen, am linken Arm und einen Kieferbruch. Doch der verletzte Batman, der dann wenige Minuten später mit Blaulicht in die Klinik gefahren wurde, war nicht etwa in die Hände von Ganoven geraten und „aufgemischt" worden. Die Retter konnten sich nur mit Mühe ein Grinsen verkneifen, als sie erfuhren, wie ihr Patient zu seinen Blessuren gekommen war. Batman war abgestürzt – beim Liebesspiel. Helene K. (31), Angetraute des Angestellten Willi K. (35), erzählte nur zögernd und sichtlich verschämt, was passiert war: „Ich lag im Bett, mein Mann wollte vom Kleiderschrank zu mir herunterschweben – im Batman-Kostüm. Doch als Willi auf den Schrank geklettert war, verlor er den Halt und stürzte herunter." Dabei verletzte sich der Batman schwer, konnte sich kaum bewegen und wimmerte vor Schmerzen. Sein Pech: Ehefrau Helene konnte ihm auch nicht helfen. Sie war zuvor auf dem Bett festgebunden worden. Erst nach über einer Stunde hörten Nachbarn die Schmerz- und Hilfeschreie und alarmierten den Notarzt.

Quelle: Hamburger Morgenpost vom 28. 2. 1990, S. 5, Rubrik „Tagesschau" (freundlicher Hinweis von Albrecht Lehmann, Hamburg). Daß es sich bei dieser Zeitungsmeldung um keine verbürgte Nachricht, sondern um eine Wandersage handelt, ist schon daraus ersichtlich, daß kein Ort angegeben wird, an dem sich das Geschehen abgespielt haben soll. Für die alternative „Tagesschau" des Boulevard-Blattes ist hier eine in zahlreichen Varianten kursierende mündliche Erzählung aufgegriffen worden, die von den Erzählern an unterschiedlichen deutschen Orten (meistens Großstädten wie Frankfurt, Düsseldorf, München oder Hamburg) lokalisiert wird und die durch die Aufführung von Batman-Filmen von Zeit zu Zeit neue Nahrung erhält. Es handelt sich hierbei also um eine typische Medien-Sage (ein Ausdruck von R. Wehse 1990, 78), wobei allerdings auffällt, daß diese Geschichte bisher selten aufgezeichnet wurde, obgleich Batman zur internationalen Familie der Comic-Superhelden gehört. Möglicherweise haben aber andere Sammler, zumal in den USA, aus moralischen Skrupeln auf eine Veröffentlichung der Erzählung verzichtet. Nur bei Smith (1986,

103f.) findet sich ein Gegenstück, allerdings mit einem Mann in Superman-Verkleidung.

71. Gefährliche Liebschaften

Ein Pärchen vergnügte sich in einem Auto am Waldrand. Der Mann hatte versprochen aufzupassen, damit die Frau nicht schwanger würde. Als die nun gerade „dabei" waren, kam ein anderes Pärchen im Auto angebraust. Sie übersahen den Wagen, der da schon stand, und fuhren auf. Durch diesen Aufprall kam es bei dem vorsichtigen Liebhaber zum Samenerguß, und seine Partnerin wurde trotz aller Vorsicht schwanger.

Diese haarsträubende Geschichte wurde im Juli 1990 bei einem Skatabend von einem 37jährigen Lehrer aus Bad Sachsa erzählt, der sich für diese „unbedingt wahre" Begebenheit verbürgte, zumal sie in der „Süddeutschen Zeitung" gestanden haben soll. Aufgezeichnet von Angelika Netzband-Knopp.

72. Onanie mit Folgen

Ende der siebziger Jahre war ich an der Klinik in Schwelm im Bergischen Land tätig und hörte dort von den Schwestern folgende Geschichte:
Ein älterer Herr aus Schwelm, dessen Frau zur Kur gefahren war, litt sehr unter der Trennung. Er hatte gehört, daß man seinen sexuellen Bedürfnissen mit einem Staubsauger abhelfen könne. Er nahm den Schlauch von dem Gerät ab und steckte seinen Penis in den Ansaugstutzen des Apparats. Er wußte nicht, daß genau darüber der Rotor des Staubsaugermotors saß, und hat sich selbst kastriert.

Erzählt von einer wiss. Museumsmitarbeiterin, 27, am 4. 6. 1990 in Göttingen.

Es handelt sich um eine im Klinikmilieu weitverbreitete und bekannte Horrorerzählung. Sie existiert auch mit der Variante, daß
der Onanist den Duschschlauch im Badezimmer benutzt und sich
sein Organ infolge des entstehenden Unterdrucks daran festsaugt.
Er ruft den Notarztwagen zu Hilfe, und, anstatt das Wasser abzu-
stellen, reißt er die gesamte Armatur aus der Wand und erscheint
so an der Wohnungstür. Was bei der ersten Veröffentlichung dieses Textes noch wie eine moderne Sage klang, hat sich mittlerweile
als ein Stück harte Realität erwiesen, denn in den verschiedensten
Kliniken sind solche Unglücksfälle mit Staubsaugern aktenkundig.
Einer davon, der auch beim 15. Treffen süddeutscher Rechtsmedi-
ziner 1987 in Stuttgart behandelt wurde, endete mit dem Selbstmord des Betroffenen (vgl. Glatter 1987). Zu dem Thema liegt seit
1978 eine Münchner medizinische Dissertation vor (Alschibaja
1978). Acht Jahre später hat sich auch „Der Spiegel" (Nr. 5, 1986,
S. 66–68 „Propeller am Penis") mit diesem Phänomen befaßt, und
die Herstellerfirma eines verbreiteten Staubsaugerfabrikats sah
sich veranlaßt, durch Anbringen eines Gitters vor der Turbine den
relativ häufig auftretenden Verletzungen vorzubeugen.

VI. Essen und Trinken

73. Der Hähnchenknochen im Hals

Variante a

Eine skandinavische Familie ist auf der Urlaubsfahrt Richtung Süden unterwegs in Deutschland. An einer Autobahnraststätte macht sie halt, um einen Imbiß einzunehmen. Der Vater ißt ein Hähnchen. Weil er sich aber sehr beeilt – man hat noch einen weiten Weg vor sich –, verschluckt er einen Hähnchenknochen so unglücklich, daß er keine Luft mehr bekommt. Der Notarztwagen wird gerufen, aber auch der Arzt kann zunächst nichts ausrichten, weil der Knochen zu fest sitzt. Es bleibt nichts übrig, als den Mann mit Blaulicht so schnell wie möglich ins nächste Krankenhaus zu bringen. Auf der Fahrt dorthin läuft er schon blau an und ist dem Erstickungstod nahe. Kurz vor der Klinik kann ein anderer Autofahrer dem Notarztwagen nicht schnell genug ausweichen und kracht voll mit ihm zusammen. Durch die Wucht des Aufpralls löst sich der Knochen im Hals des Skandinaviers: Er ist in letzter Sekunde ohne medizinischen Beistand gerettet worden, während an beiden Fahrzeugen Totalschaden entstanden ist.

Diese Geschichte wurde Michaela Linge im Sommer 1988 von einem Medizinstudenten aus Kassel erzählt, der gelegentlich auch bei Notarzteinsätzen mitfuhr. Sie ist ihm von einem Kollegen als tatsächliches Ereignis erzählt worden.

Variante b

Einem Verkehrsunfall hat es eine Frau aus dem Landkreis Neu-Ulm zu verdanken, daß sie noch am Leben ist. Ihr war beim Abendessen ein Bissen im Hals steckengeblieben, der Sohn fuhr die Mutter ins Krankenhaus. Beim Abbiegen kam der Wagen von der Fahrbahn ab und krachte gegen den Pfosten auf einer Verkehrsinsel. Durch den Aufprall löste sich der Kloß im Hals der Frau, und sie bekam wieder Luft. Das Fahrzeug wurde bei dem segensreichen Unfall stark demoliert.

Quelle: Hessisch Niedersächsische Allgemeine, 26. 8. 1990.

74. Polnisches Gulasch

Variante a

Ein polnischer Naturwissenschaftler und seine Frau verließen Anfang der achtziger Jahre ihr Land und bauten sich in Saarbrücken eine neue Existenz auf. Die ersten Jahre waren für das Paar sehr schwer. Sie hatten wenig Geld, und beide hatten Probleme mit der deutschen Sprache. Die Frau, die zunächst einmal keine Arbeit fand, blieb zu Hause und erledigte den Haushalt. Sie bemühte sich, möglichst billig einzukaufen, weil das Geld ja knapp war. Sie kaufte fast immer in einem nahegelegenen Supermarkt ein. Anstelle von frischem Fleisch kaufte sie günstigere Büchsen, deren Inhalt sie für Gulasch hielt. Mit den Jahren ging es bei dem Paar bergauf. Auch beherrschten beide die deutsche Sprache immer besser, nur das Lesen fiel ihnen noch schwer. Nachdem nun mehr Geld da war, ging die Frau dazu über, statt der Büchsen frisches Fleisch einzukaufen. Als sie wieder einmal an der Kasse des Supermarktes stand, fragte die Kassiererin sie mitleidig: „Ist ihr Hundchen denn gestorben? Sie kaufen ja schon seit langem kein Hundefutter mehr!"

Aufgezeichnet im Juli 1990 von Angelika Kindermann nach der Erzählung eines 32jährigen Angestellten aus Saarbrücken. Er hat die Erzählung über das polnische Ehepaar von einem Freund gehört. Dieser Freund, so versicherte der Erzähler, sei absolut seriös

101

und vertrauenswürdig. Deshalb glaube er auch, daß sich alles wirklich zugetragen habe. Der 32jährige, der aus Kassel stammt, gab als Beweis für die Glaubwürdigkeit seiner Erzählung noch eine zweite Geschichte wieder, die ihm sein Vater öfters erzählt hatte.

Variante b

Einem guten Bekannten meines Vaters ist in den siebziger Jahren in Kassel folgendes passiert: Der Mann pflegte öfter mal einen über den Durst zu trinken. Als er wieder einmal zu nächtlicher Stunde in seine Wohnung torkelte, verspürte er noch einen mächtigen Hunger. Er meinte, etwas Warmes im Magen würde ihm nach dem vielen Alkohol sicher guttun und beschloß, noch eine Dose Gulaschsuppe zu öffnen und zu erwärmen. Das tat er auch und legte sich anschließend gesättigt zu Bett. Am nächsten Morgen aber bekam der Mann einen ordentlichen Schrecken: statt einer leeren Büchse Gulaschsuppe stand eine leere Dose Hundefutter auf dem Tisch.

Der angebliche Genuß von Hundefutter durch Menschen ist ein in Gerücht und Sage immer wieder auftretendes, offenbar unausrottbares Reizthema. Es wird meistens mit Angehörigen ethnischer Minderheiten in Verbindung gebracht, die entweder aus Sparsamkeit, aus Unwissenheit oder aufgrund von Verwechslungen Tiernahrung zu sich genommen haben sollen. In der Nachkriegszeit sollen auch viele Deutsche amerikanische Tiernahrung gekauft und verzehrt haben, weil sie die englische Aufschrift der attraktiven Büchsen nicht lesen konnten. Eine andere Kategorie von Erzählungen bezieht sich auf exotische Restaurants (vornehmlich Chinesen), in deren Nachbarschaft angeblich stapelweise leere Hundefutterdosen gefunden wurden. Vgl. „Die Spinne in der Yucca-Palme", Text-Nr. 54.

75. Das Ehepaar mit Hund

Ein Ehepaar aus dem Rheinland befindet sich mit seinem Hund auf Holland-Reise und hat sich vorgenommen, möglichst oft exotisch essen zu gehen, zumal man im Nachbarland eine große Auswahl solcher Restaurants vorfindet. An einem schönen warmen Tag besuchen sie zur Mittagszeit ein indonesisches Restaurant. Beim Eintreten bitten sie den Kellner, dem Hund in der Küche etwas Wasser zu geben. Der Kellner versteht die Bitte nicht sehr gut, verschwindet aber mit dem Hund. Sie bestellen ein Essen mit mehreren Gängen, und auf dem Höhepunkt der Mahlzeit wird ihnen, bedeckt mit einem riesigen silbernen Deckel, ein Braten aufgetischt, der ihnen vorzüglich mundet. Als sie bezahlt haben und aufbrechen wollen, erkundigen sie sich bei dem Kellner nach dem Verbleib ihres Hundes. Radebrechend macht er ihnen klar, daß ihnen das Tier soeben unter dem silbernen Deckel als Braten serviert worden ist.

Die Geschichte vom Hunde-Diner im exotischen Restaurant ist uns bei unserer Sammelarbeit mehrfach und in verschiedenen Variationen begegnet, auch in der recht unwahrscheinlich anmutenden Form, daß das Ehepaar einen Pudel auf eine Reise nach Hongkong mitnimmt und ihn dort zum Verspeisen vorgesetzt bekommt. Die vorliegende Version hörten wir im Juni 1990 von einem Studenten in Köln. Selbstverständlich handelt es sich auch hier um einen international verbreiteten Stoff. Er spiegelt gängige Vorurteile gegen ausländische, speziell exotische Restaurants. Englische Parallelen zu der Erzählung finden sich bei Smith (1986, 95), amerikanische bei Brunvand (1984, 95–97), schwedische bei Klintberg (1990, 168 f.), holländische bei Portnoy (1987, Nr. 75).

76. Die letzte Lieferung

Die folgende Geschichte spielt im Berlin des Jahres 1946. Eine junge Frau hastet durch die Knesebeckstraße, vorbei an Schutthalden und Ruinen, als sie plötzlich mit einem of-

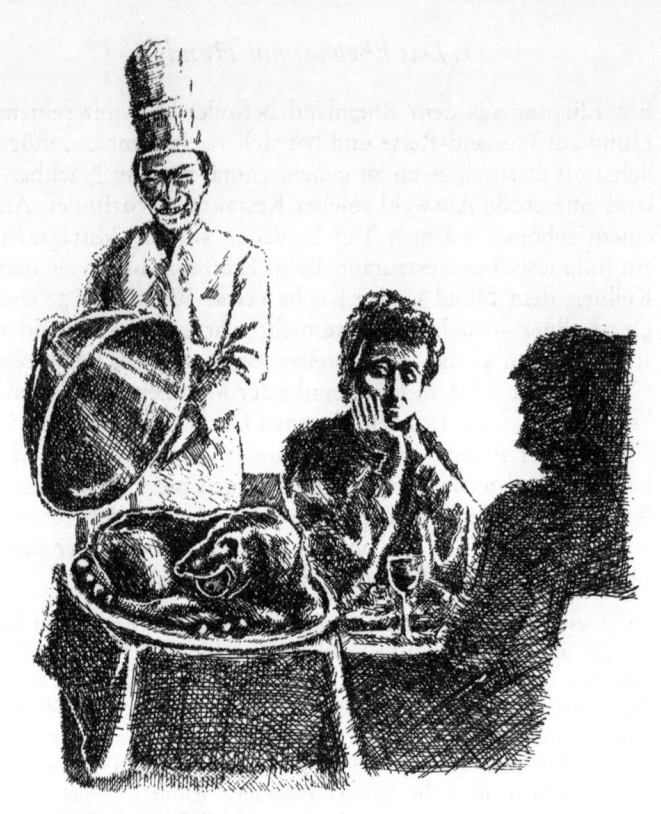

fensichtlich blinden Mann zusammenstößt, der sich müh-
sam mit einem Stock durch diese Steinwüste tastet. Nach
ein paar höflichen gegenseitigen Entschuldigungen fragt sie
der Mann nach einer bestimmten Adresse, und die junge
Frau macht ihm klar, daß er bis dorthin noch einen ziemlich
weiten Fußmarsch vor sich habe. Das Gesicht zeigt einen
deutlichen Ausdruck der Enttäuschung und Sorge. Dann
faßt sich der Blinde ein Herz und fragt die junge Frau, ob
sie ihm den großen Gefallen tun könne, bei der fraglichen
Adresse einen Brief abzuliefern. Die Frau ist dazu bereit,
nimmt einen verschlossenen Umschlag in Empfang und
macht sich auf den Weg. Als sie noch einmal einen Blick auf
den bedauernswerten Blinden zurückwirft, sieht sie gerade
noch, wie der Mann ohne jede Unsicherheit im Laufschritt
um die Ecke verschwindet.

Da war etwas faul. Die junge Frau ging ohne Umweg
zum nächsten Polizeirevier, erzählte ihr Erlebnis und hän-
digte den Beamten den Brief aus. Kurze Zeit später verhaf-
teten Polizisten in der fraglichen Wohnung zwei Männer
und eine Frau und stellten eine große Menge Fleisch sicher
– zur damaligen Zeit fast so kostbar wie Gold. Aber dann
folgt der Schock: Bei näherer Untersuchung stellt sich heraus, daß es sich um Menschenfleisch handelt. Und der Text
des Briefes, den die junge Frau überbringen sollte, wird
plötzlich zur Horror-Information: „Dies ist für heute meine letzte Lieferung."

Quelle: Ein Aufsatz von P. J. Blumenthal über „Gerüchte" in
P. M. Peter Moosleitners interessantem Magazin 2 (1990) 83 f.,
nach einem Bericht von Joel Sayre aus der besetzten ehemaligen
Reichshauptstadt, veröffentlicht in der amerikanischen Zeitschrift
„The New Yorker", Juli 1946.
  Der amerikanische Schriftsteller Richard Aellen hat die gleiche
Geschichte in seinem Roman „Redeye", New York 1988, als
Schlüsselszene verwendet. Der Roman spielt teilweise im Berlin
der Nachkriegszeit, und der Romanheld findet auf der Suche nach
seinem Zwillingsbruder folgenden Berliner Zeitungsbericht:

„Hilfsbereite Pankower Bürger bestialisch umgebracht!

Gestern machte die Polizei im Bezirk Pankow einen grausigen Fund. Sie entdeckte menschliche Leichenteile in einem Schwarzmarkt-Fleischerladen in der Uferallee 21, betrieben von Hans Fürtz und seinem Neffen Rolf Jaspers. Beide Männer wurden verhaftet. Nach einer Komplizin, Inge Heusner, wird noch gesucht.

Ans Licht kam die furchtbare Tat, nachdem die achtundzwanzigjährige Marie Naumann aus Weisensee der Polizei Verdächtiges berichtet hatte. Nach ihrer Aussage hätte sie einer blinden, gehbehinderten Frau, später als Inge Heusner identifiziert, behilflich sein wollen und sich erboten, für sie einen Brief an jene Adresse in Pankow abzugeben, sei jedoch mißtrauisch geworden, als sie plötzlich Inge Heusner die Straße entlanggehen sah, als wäre sie im Vollbesitz ihrer Sehkraft, und sofort zur Polizei gegangen, die sie zu der Metzgerei begleitete. Einer der Besitzer, Fürtz, flüchtete durch die Hintertür, konnte aber wenig später zu Hause gefaßt werden. Jaspers wurde noch im Laden verhaftet.

Wie die Polizei erklärte, war die Metzgerei bereits seit vielen Monaten in Betrieb; die tatsächliche Anzahl der Opfer kann möglicherweise nie ermittelt werden. Offensichtlich wurden alle Opfer von Inge Heusner außerhalb Pankows angesprochen, um keinen Verdacht zu erregen. Die Mitteilung, die zu überbringen Fräulein Naumann sich anerboten hatte, bestand aus dem einen einzigen Satz: Dies ist die letzte, die ich euch heute schicke."

Vgl. Richard Aellen: Der Mann mit dem zweiten Gesicht. Frankfurt a. M. 1989, S. 129f.

Wir haben es hier mit einer Großstadtage (urban legend) zu tun, die auf dem Gerücht basiert, in Berlin sei es in der Krisenzeit nach dem Ende des Krieges zum Handel mit Menschenfleisch und zu Kannibalismus gekommen. Dieses Gerücht hat nie auch nur die geringste Bestätigung erfahren, trotzdem hielt es sich hartnäckig weit über die unmittelbare Nachkriegszeit hinaus. Der schwedische Erzählforscher B. af Klintberg hat noch 1973 in Stockholm die Spuren dieses Gerüchts als moderne schwedische Sage aufzeichnen können. Der Text Nr. 38 seiner Sammlung (dt. Ausgabe 1990) trägt den Titel „Hier ist das Kalbfleisch" und lautet folgendermaßen:

In Berlin gab es während des Zweiten Weltkriegs eine Menge armer elternloser Jungen auf der Straße. Man behauptet, unbekannte

Männer seien auf sie zugegangen und hätten ihnen ein paar Groschen in die Hand gedrückt, wofür sie eine Nachricht zu einer Wurstfabrik in der Stadt bringen sollten. Man hat nie wieder etwas von diesen Jungen gehört. Einmal hat ein Junge den Brief geöffnet, bevor er sein Ziel erreicht hatte. Darin stand nur: „Hier ist das Kalbfleisch."

77. Die Fingerschale

In einem Fischrestaurant in Nieblum auf Föhr hörte ich im Mai 1990, wie sich am Nachbartisch eine Familie folgende Geschichte erzählte, als nach einem Garnelenessen gerade Fingerschalen mit Wasser und Zitronenscheiben serviert wurden:
Eine neureiche Familie nimmt in einem vornehmen Restaurant eine üppige Mahlzeit ein. Nach dem Fischgericht bringt der Ober die Fingerschalen. Die betreffende Familie wußte damit nichts Besseres anzufangen, als die Schalen an den Mund zu setzen und das Wasser auszutrinken.

Erzählt von einer wissenschaftlichen Mitarbeiterin eines norddeutschen Freilichtmuseums, 27, nach der Rückkehr von einer Urlaubsreise aus Föhr am 4. 6. 1990 in Göttingen.
Ich erinnere mich, diese Geschichte vor langer Zeit als Anekdote aus dem Leben eines bedeutenden Dichters gehört zu haben. Als ihm bei einem Festessen ein junger Dichter den Inhalt der Fingerschale als Huldigungstrunk darbringt, ergreift er seine Schale und bedankt sich bei seinem Bewunderer mit einem Gegentrunk.

78. Süßer Tod

Im Großgetränkevertrieb von Coca-Cola in Frankfurt a. M. soll sich vor einigen Jahren ein Unfall zugetragen haben, über den auch die Illustrierte „Stern" berichtet hat: Ein in der Abfüllstation beschäftigter Arbeiter fiel in einen der Cola-Bottiche und ertrank. Zunächst vermißte man den Arbeiter nicht, aber als sein Fehlen schließlich auffiel, blieb die Suche nach ihm längere Zeit ergebnislos. Seine fast völlig zersetzte Leiche wurde erst entdeckt, als schon einige tausend Flaschen des Getränks abgefüllt und ausgeliefert waren.

Aufgezeichnet und eingesandt von einem Studenten aus Mühlheim/Main am 17. 5. 1990.

Mit der Veröffentlichung einer Cola-Geschichte in „Die Spinne in der Yucca-Palme" (Nr. 51), die die angebliche Gefährlichkeit des Volksgetränks zum Inhalt hat, haben wir quasi eine Lawine losgetreten, denn zu keinem anderen Thema erreichten uns mehr Leserbriefe als zu diesem. Coca-Cola kann demnach nicht nur alle möglichen organischen Stoffe auflösen und verdauen, sondern auch defekte Kupplungen im Trabant 601 reparieren und Schneeketten entrosten.

Der oben berichtete makabre Arbeitsunfall wurde offenbar gerade noch rechtzeitig vor dem vollkommenen Verschwinden der Leiche entdeckt. Typologisch gehört diese nicht verbürgte Horrormeldung in den Umkreis zahlreicher verwandter Berichte von denkwürdigen Arbeitsunfällen. Paul Smith (1986, 47) hat eine englische Parallele veröffentlicht, mit folgendem grausigem Inhalt:

Ein Team von Schweißern war mit der Endmontage eines industriellen Großboilers beschäftigt. Sie hatten die äußere Hülle fertig und setzten zum Schluß noch das Schauglas ein, an dem man den Wasserstand ablesen kann. Alles, was noch zu tun blieb, war, den Boiler von innen zu checken und dann unter Druck auf seine Dichte hin zu überprüfen. Als das kochende Wasser einlief und sich das Schauglas mit „Suppe" statt mit klarem Wasser zu füllen begann, merkten sie, daß sie vor Testbeginn einen der Männer im Innern des Boilers vergessen hatten.

79. Die Meisterwurz

An der folgenden Geschichte kann man sehen, wie Sagen entstehen:

„Mein Sohn besuchte mit mir zusammen 1976 auf der Planneralm in der Steiermark einen botanischen Kurs. Wir lernten dort eine Wurzel kennen, die nur dort wächst und

von den Einheimischen auf verschiedene Weise als Potenz-
und Stärkungsmittel benutzt wird: die Meisterwurz. Es
handelt sich um eine Art wilden Sellerie. Mein Sohn, damals
15 Jahre alt und Gymnasiast in Konstanz, grub sich eine
größere Menge dieser Wurzeln aus, hackte sie in halbfinger-
lange Stücke und setzte dann in seiner Schule das Gerücht
über eine neue Potenzwunderwurzel in Umlauf. Im Verein
mit dem Pedell setzte er die Dinger für fünf Mark pro Stück
rasch ab. Auf die Frage, ob die Wurzeln auch geholfen hätten, pflegte er zu antworten: Mir schon! Diese Geschichte
erzählte ich im Burgenland weiter, und ein oder zwei Jahre
später hörte ich sie fast genauso wieder, nur spielte sie jetzt
bereits im Burgenland, und der Preis der Wurzeln hatte sich
von fünf Mark auf fünfhundert Schilling gesteigert.“

Briefliche Mitteilung einer Diplom-Psychologin (56) aus Wien, am
7. Mai 1990.

80. Clausthaler

Bei einer Fete in Göttingen ist auch ein männlicher Gast,
der anschließend noch mit dem Wagen nach Hause fahren
muß und deshalb keinen Alkohol zu sich nehmen will. Er
hält sich den ganzen Abend über an der Kiste mit alkohol-
freiem Bier schadlos und kriegt es fertig, während der Party
den ganzen Vorrat allein wegzutrinken. Anschließend setzt
er sich in sein Auto und fährt guten Gewissens nach Hause.

Es kommt, wie es kommen muß: Unterwegs gerät er in
eine Alkoholkontrolle der Polizei und muß in das Röhrchen
pusten. Zu seiner großen Überraschung verfärbt es sich, er
hat mehr als 0,8 Promille Alkohol im Blut. Die Polizei klärt
ihn darüber auf, daß alkoholfreies Bier in großen Mengen
einen so hohen Wert verursachen kann und nimmt ihm den
Führerschein weg.

Erzählt am 19. 8. 1990 in Göttingen von einer Volkskundlerin, 27,
wissenschaftliche Mitarbeiterin an einem großen westdeutschen
Museum. Die Geschichte wird auf Partys angeblich häufig erzählt.

VII. Tiere

81. Wo Bruno nach seinem Tod hinkam

Frau Dippel war eine einsame, alte Witwe, deren Mann vor ein paar Jahren gestorben war. Sie besaß nur noch einen kleinen, alten Dackel namens Bruno, den sie über alles liebte. Eines Tages geschah etwas Schreckliches. Bruno starb, und Frau Dippel weinte bittere Tränen um ihn. Auf den Müll wollte sie ihren Liebling natürlich nicht werfen, aber sie wußte nicht, wo sie ihn begraben sollte. Schließlich packte sie ihn in einen Karton und beschloß, den Dackel heimlich auf dem naheliegenden Friedhof zu beerdigen. Um aber mit dem Karton nicht aufzufallen, steckte sie ihn noch in eine Kaufhaustüte. Auf dem Friedhof suchte sie einen geeigneten Grabplatz für ihren Liebling, aber immer wieder störten sie Leute, die vorbeigingen. Sie setzte sich auf eine Bank und wartete. Doch auf der Bank blieb Frau Dippel nicht lange allein. Ein stoppelbärtiger Mann setze sich neben sie. Ihr lief beim Anblick des Mannes ein eiskalter Schauer über den Rücken. Er sah aus, als wenn er nichts Gutes im Schilde führte. Er sah sie auch immer so von der Seite an. Frau Dippel rückte bis an das Ende der Bank. Dann kamen sie aber doch ins Gespräch, und Frau Dippels Angst vor dem Stoppelbärtigen war bald verschwunden. Sicherheitshalber zog sie aber doch die Tüte etwas näher zu sich heran. Gerade wollte sie doch von Bruno anfangen, da sprang der Mann plötzlich auf, riß ihr die Tüte aus der Hand, sprang mit einem Satz über die Bank und rannte durch die Büsche davon. Er war doch ein Dieb und hatte sich nur neben sie gesetzt, um ihr die Tasche zu stehlen. Frau Dippel war starr und bleich zugleich vor Schreck.

„Bruno" war alles, was sie noch hervorbrachte. Auf dem Weg nach Hause mußte sie aber schon wieder lachen. „Was der Dieb wohl für ein Gesicht macht, wenn er den Karton öffnet!?"

Dieser Text ist ein Schüleraufsatz aus der sechsten Klasse der Orientierungsstufe der Schule in Embsen bei Lüneburg. Verfasserin ist Kerstin Ehlert, 11 Jahre. Ein Lehrer hatte seinen Schülern die zugrundeliegende Sage erzählt, die sich 1975 auf dem Lüneburger Waldfriedhof abgespielt haben soll, und sie gebeten, einen Aufsatz darüber zu schreiben. Den gelungensten Text hat der Pädagoge eingesandt. Ich danke der jungen Autorin herzlich für die Genehmigung zum Abdruck ihres Aufsatzes.

Die Erzählung ist mit etwa dem gleichen Verlauf, aber meistens mit einer verstorbenen Katze als Corpus delicti, in vielen deutschen Städten und Dörfern geläufig; in Göttingen wurde sie vor drei Jahren von der Inhaberin eines kleinen Gemischtwarenladens als wahre Geschichte erzählt. Virtanen (1987, 35) weist sie für Finnland nach. In den USA verläuft die Erzählung am Anfang etwas abweichend; hier wird die Katze bei einer Einkaufsfahrt von einem Ehepaar überfahren, in einer Plastiktüte verborgen und aus dem Wagen gestohlen. Vgl. Brunvand 1983, 84–90, „The dead cat in package", und Nachträge bei Brunvand 1984, 216–219.

Eine modernisierte Version der Erzählung ist unser Text Nr. 6.

82. Doppelter Verlust

Meine Freunde aus Ottersberg bei Bremen haben innerhalb kurzer Zeit ihre beiden wertvollen Katzen verloren. Und das kam so: Die erste kam um, als mein Freund mit dem Wagen die Garage verließ und die Katze überfuhr, die es sich unter dem Hinterrad gemütlich gemacht hatte. Die zweite war plötzlich verschwunden, bis die Frau meines Freundes sie zu ihrem Entsetzen entdeckte: im Schauglas der Waschmaschine bei laufendem Programm – ertrunken! Sie hatte kurz vorher die 40 Grad-Wäsche eingelegt und die Tür zur Waschküche und den Verschluß der Waschmaschine offengelassen. Die Katze hatte sich offenbar in der schmutzigen Wäsche ein Plätzchen gesucht und war von der Hausfrau nicht bemerkt worden.

Erzählt im Januar 1990 in Göttingen von einem Historiker, 33, aus Oldenburg.

Beide Fälle klingen durchaus wahrscheinlich, aber zumindest bei der zweiten Hälfte der Geschichte ist Vorsicht angezeigt, denn die Zahl der tatsächlich in Waschmaschinen umgekommenen Katzen steht in keinem Verhältnis zu den fast inflationär auftretenden Erzählungen von solchen häuslichen Unglücksfällen (vgl. Portnoy 1987, Nr. 106 für Holland).

83. Die Katze im Fluggepäck

Auf dem Flughafen in Adelaide soll sich folgendes zugetragen haben: Die Arbeiter bei der Gepäckabfertigung stellten erschrocken fest, daß eine sorgfältig in eine Kiste verpackte Katze tot ausgeladen wurde. Um einen Prozeß mit dem Passagier zu vermeiden, entschloß sich die Fluggesellschaft kurzerhand, die Katze ohne Wissen des Eigentümers zu ersetzen. Ein Angestellter wurde losgeschickt, um in der örtlichen Tierhandlung ein möglichst ähnliches Tier ausfindig zu machen. Der Ersatz wurde dem Eigentümer dann präsentiert, als er kam, um sein Gepäck in Empfang zu nehmen. „Das ist nicht meine Katze!" war seine sofortige Erwiderung. „Woher wissen Sie das?" fragte ihn der Angestellte der Fluglinie mit einer Mischung aus Schuld und Überraschung. „Weil meine Katze tot war! Ich ließ sie hierherbringen, um sie zu beerdigen."

Erzählt von einer Göttinger Anglistikstudentin im Juni 1990 nach der Rückkehr von einem Studienaufenthalt aus Australien.

Diese Geschichte klingt zwar höchst unwahrscheinlich, denn keine Fluggesellschaft würde auf die Idee kommen, eine tote Katze durch eine lebende zu ersetzen, aber dennoch ist es eine gute moderne Sage, denn sie zeigt, auf welche Weise Menschen heute auf den Tod reagieren und wie sie versuchen, ihn ungeschehen zu machen. Eine typologisch ähnliche Erzählung findet sich als Nr. 63 (Der Goldfisch beim Tierarzt) in „Die Spinne in der Yucca-Palme", eine gedruckte australische Fassung ist in der Sammlung von Bishop 1988, 70 f. enthalten.

84. Tapetenfressende Vögel

Variante a

In einer Siedlung in Marktheidenfeld im Landkreis Main-Spessart haben sich Kohlmeisen und Spatzen auf Tapeten spezialisiert und nutzen bei geöffneten Fenstern jede Chance, die Wandverkleidung abzureißen. Auch aus Würzburg werden „Tapetenfresser" gemeldet. In einer Wohnung im Stadtteil Sanderau haben die Besitzer inzwischen resigniert und eine tapezierte Wand im Wohnzimmer den Vögeln überlassen. Die Bewohner greifen nur noch ein, wenn besonders vorwitzige Meisen sich an den Sesseln zu schaffen machen, um daraus Fäden zu ziehen.

Die Ornithologen haben für das merkwürdige Verhalten der Vögel mehrere Erklärungen. Einmal haben die Meisen und Spatzen entdeckt, daß Papier ein gutes Polstermaterial für Nester ist, zum anderen picken viele Vögel den Kalk hinter den Tapeten auf. Selbst bestimmte Kleistersorten scheinen ihnen zu munden. Sie holen sich den harten Leim und lassen dann die Tapetenschnitzel fallen. Die Marktheidenfelder Vogelgeschädigten haben inzwischen eine Lösung gefunden: sie streuen ausreichend Futter vor die Fenster, und seither läßt das Tapetenrupfen nach.

Quelle: Erlanger Tagblatt vom 24./26. 12. 1979.

Variante b

Wer hungrige Vögel im Winter nicht füttert, kann eine böse Überraschung erleben, wie einige Wohnungsinhaber in Coburg. Auf der Suche nach dem für sie lebensnotwendigen Kalk waren die Tiere durch offene Fenster in die Wohnungen geflogen, hatten die Tapeten angeknabbert und erhebliche Schäden angerichtet. Die Bewohner hatten zunächst Ratten und Mäuse in Verdacht und wollten aus ihren Schlafzimmern ausziehen, weil sie den Nagern nicht auf die Spur kommen konnten. Da wurden bei einer der betroffenen Familien die Übeltäter auf frischer Tat ertappt: es waren friedliche Meisen, die sich über die Wandverkleidung hergemacht hatten. Ein Tierarzt erläuterte, daß gerade Meisen auf Kalk angewiesen seien, den sie im Winter nicht immer ausreichend finden. Dem Mangel sei abzuhelfen, indem in Futterhäuschen zermahlene Eierschalen mit etwas Magerquark garniert ausgelegt werden.

Quelle: Erlanger Nachrichten vom 9. 1. 1981 (auf freundliche Vermittlung von Ursula Münchhoff, Erlangen).

Was der Herausgeber für eine moderne Zeitungssage gehalten hat, entpuppte sich aufgrund der Erfahrungen mehrerer Leser als Realität, denn manche Singvögel, zumal Meisen, sind schon oft dabei beobachtet worden, wie sie Kalk von den Wänden gepickt und dabei auch Tapeten in Mitleidenschaft gezogen haben.

85. Gänseliebe

Eine deutschstämmige Frau bei Tbilisi (Tiflis) in der Sowjetrepublik Georgien züchtet Gänse und ist besonders stolz auf ihre große Herde gut genährter Tiere. Es ist die Zeit der Weinernte, und beim Keltern der Trauben fallen große Mengen Trester ab, die im Hof liegen und zu gären beginnen. Unbemerkt machen sich die Gänse über die Kelterrückstände her und fressen sie auf. Am anderen Morgen liegen die Tiere betrunken und regungslos auf dem Hof herum. Die Bauersfrau denkt, sie seien tot, will retten, was noch zu retten ist, und beginnt sofort damit, die Gänse zu rupfen und auf einen Haufen zu werfen. Einige Zeit später wundert sie sich nicht schlecht, daß die Gänse wieder auferstanden sind und nackt vor ihrem Fenster herumwandeln. Weil sie weiß, daß es bald sehr kalt werden wird und sie Mitleid mit den Tieren hat, strickt sie jedem von ihnen ein Kleid. Damit angetan, haben Freunde von mir die Gänse auf dem georgischen Bauernhof herumstolzieren sehen.

Aufgezeichnet von der Volkskundlerin Andrea Schäfer, Göttingen, bei einer Reise nach Georgien im September 1989.

Die übertriebene Fürsorge für Haustiere hat in dieser Erzählung eher schwankhafte Züge, ihr realer Hintergrund besteht möglicherweise darin, daß man in früheren Zeiten die Füße der Gänse mit Pech „beschuht" hat, um sie für längere Wanderwege auszurüsten. Vgl. Lutz Röhrich, Lexikon der sprichwörtlichen Redensarten Bd. 1. Freiburg/Basel/Wien 1973, 302–304 s. v. „Gänse beschlagen" = Unnützes tun.

Die Erzählung selbst ist bereits zwei Jahrhunderte alt. Smith (1986, 99), der eine englische Variante veröffentlicht, kann sie in den USA bis zum Jahre 1812 zurückverfolgen.

VIII. Unerwartete Todesfälle

86. Die gestohlene Schwiegermutter

Die folgende Geschichte kenne ich aus meiner Kindheit. Ich habe sie in der Nähe von Meißen in Sachsen gehört, wo ich damals wohnte und wo im Frühjahr 1945 endlose Flüchtlingsströme aus dem Osten vorbeikamen.

Ein Bauer aus dem Osten, der sich mit seiner Familie vor den heranrückenden russischen Truppen auf die Flucht machte, hat vor Beginn des großen Trecks schnell noch ein Schwein geschlachtet. Das kam in einen Sack und mit dem übrigen Gepäck auf einen Wagen. Bei der damals herrschenden klirrenden Kälte war dies kein Problem. Im Laufe der Tage hatte sich aber bei den hungrigen Nachbarn im Treck herumgesprochen, was sich in dem Sack auf seinem Fuhrwerk befand. Eines Morgens starb die Schwiegermutter des Bauern. Zeit für die Beerdigung blieb nicht, da man sich ja auf der Flucht befand. Er steckte die Leiche in den Sack und verpackte das Schwein an einer anderen Stelle seiner Ladung. In der Nacht wurde der besagte Sack von Unbekannten von seinem Wagen gestohlen ...

Eingesandt von Peter Schmidt-Gödelitz aus Wiesbaden am 8. August 1990.

Offenbar handelt es sich hier um eine Version der Sage von der „Gestohlenen Großmutter" („Die Spinne in der Yucca-Palme" Nr. 29), die als eine der bekanntesten modernen Sagen überhaupt gelten kann. In den neueren Varianten wird die verstorbene Frau entweder mitsamt einem Auto im Ausland entwendet, oder sie verschwindet mit einem zusammengerollten Teppich, in dem die Leiche nach Hause geschmuggelt werden sollte, vom Autodach.

87. Keiner will ihn haben

An dem kleinen bayerisch-österreichischen Grenzübergang zwischen Burghausen und Ach/Salzach hat sich im Jahre 1956 folgende Geschichte zugetragen: Zwei bayerische Zollbeamte befanden sich auf der deutschen Seite auf Zollstreife. Es ist kurz vor der Mittagspause um 12 Uhr, und beide freuen sich schon auf die Brotzeit. Da sehen sie plötzlich am Waldrand an einem Baum einen Mann, der sich dort erhängt hat. Um die vielen Formalitäten zu vermeiden, die sich aus diesem Fund ergeben, beschließen die beiden Zöllner, den Erhängten kurzerhand auf die österreichische Seite hinüberzubringen und ihn dort an einem Baum aufzuhängen.

Auch auf der österreichischen Seite befinden sich wenig später zwei Zöllner auf einem Kontrollgang. Sie kommen an dem besagten Baum vorbei und erblicken die Leiche, worauf der eine zum anderen gesagt haben soll: „Du, i moan, i tram: Jetzt hängt der schon wiedr do!"

Erzählt im Mai 1990 von einer 37jährigen Lehrerin aus Altötting, die versicherte, daß sich dies der Lokaltradition zufolge tatsächlich so abgespielt habe. Kurze Zeit später erhielt ich einen Brief von Michael Panzer aus Tübingen, 22, Student der Germanistik und katholischen Theologie, der exakt die gleiche Geschichte von der deutsch-österreichischen Grenze im Wettersteingebirge berichtet, nur mit dem Unterschied, daß hier die österreichischen Zöllner den Erhängten entdecken und auf die deutsche Seite hinüberbringen, was die deutschen Grenzer so kommentiert haben sollen: „Jo mei, da hängt er ja schon wieder!" Dieser zweite Beleg hat mich davon überzeugt, daß diese Geschichte auf der Grenze spielt, nicht nur auf der deutsch-österreichischen, sondern auch auf der Grenze zwischen geglaubter Sage und Schwank.

88. Ein gut inszeniertes Unglück

In Zermatt in der Schweiz hat ein früherer Klassenkamerad mit seiner Frau zu Füßen des Matterhorns ein gut inszeniertes Unglück durchgeführt. Sie wollten gemeinsam einen Unfall vortäuschen und mit der Versicherungsprämie verschwinden, um ein neues Leben zu beginnen. Nach der Rückkehr von einer Bergwanderung sonderte sich der Mann von der Wandergruppe ab, um angeblich noch ein paar Fotos am Ufer der Visp zu schießen. Von diesem Abstecher kehrte er nicht mehr zurück. Zwei Stunden später erschien die Frau aufgeregt bei der Polizei und gab an, ihr Mann sei bei der Bergtour abgestürzt. Bei einer großangelegten Rettungsaktion konnte jedoch der Leichnam des Mannes nicht gefunden werden.

Ein Schweizer Polizist, der das erste Gespräch mit der Frau geführt hatte, nahm auf eigene Faust in der Urlaubswohnung des Paares eine Durchsuchung vor. Dabei fand er zu seiner Überraschung eine Checkliste, auf der genau der Ablauf des angeblichen Unglücks und die darauffolgenden Schritte festgehalten waren. Die Ehefrau, die durch das Unglück eine hohe Lebensversicherungsprämie für ihren Mann zu kassieren hoffte, hatte vergessen, den Planungszettel nach der Tat zu vernichten. Der clevere Polizist lieferte dieses Papier jedoch nicht dem Untersuchungsrichter ab, sondern erpreßte die Frau zum Geschlechtsverkehr und ließ sich einen Anteil an der Lebensversicherung als Schweigegeld auszahlen. Das Paar soll mit dem Rest des Geldes nach Sizilien gegangen sein und noch heute dort unbehelligt leben.

Quelle: Erzählt bei einem Treffen zur Feier des 25. Abitur-Jahrestags in Recklinghausen im Frühjahr 1990 als Erklärung dafür, daß einer der Abiturienten „verschütt" gegangen war. Eingesandt von einem Leser der „Spinne in der Yucca-Palme".

Vorgetäuschte Unglücksfälle zur Erschleichung einer Versicherungsprämie sind ein beliebter Krimistoff, treten aber auch in der

modernen Sage immer wieder auf (vgl. Nr. 58). Eine spannende
Geschichte zum Thema „In den Bergen verschwunden" dient als
Rahmenhandlung für den 1951 in Göttingen gedrehten Film „Dr.
med. Hiob Prätorius" mit Curt Goetz in der Hauptrolle: Drei
junge Leute, ein Liebespaar mit einem Freund, unternehmen eine
Bergtour in den Alpen, von der der Freund nicht mehr zurück-
kehrt. Der Liebhaber wird beschuldigt, den jungen Mann in den
Tod getrieben zu haben, und zu zehn Jahren Gefängnis verurteilt.
Als er nach den zehn Jahren aus dem Gefängnis entlassen wird,
entdeckt er seine frühere Geliebte mit dem totgeglaubten Freund
durch Zufall in einem Londoner Café. Jetzt fällt es ihm wie Schup-
pen von den Augen, und er entschließt sich, den Nebenbuhler umzubringen, in der Annahme, daß er nicht zweimal für den gleichen
Mord bestraft werden kann. Er wird dennoch zum Tod durch den
Strang verurteilt.

89. Das Todesdatum

In der Nähe von Göttingen lebte ein älteres Ehepaar. Eines
Tages starb der Mann, und die Frau gab einen Grabstein für
das Doppelgrab in Auftrag, das sie auf dem Friedhof ge-
kauft hatte. Der Grabstein sollte die beiden Namen des
Ehepaars tragen, zusätzlich beim Mann das Geburts- und
Sterbedatum. Einige Wochen nach der Beerdigung erhielt
die Frau von dem Steinmetz die Nachricht, daß er den be-
stellten Grabstein wie gewünscht auf dem Grab aufgerichtet
habe. Die Frau ging daraufhin gleich zum Friedhof, um das
Werk zu begutachten. Was sah sie? Der Steinmetz hatte das
Sterbedatum aus Versehen bei ihrem Namen eingraviert.
Darüber erschrak sie so sehr, daß sie auf der Stelle tot um-
fiel.

Erzählt im Juli 1990 bei einem Ferienaufenthalt von Göttinger
Gymnasiasten in Mittelschweden. Einer der Zuhörer lieferte den
Beweis dafür, daß es sich um eine Wandersage handelt, denn er
teilte mit, daß er die Geschichte schon früher gehört habe, aber
mit einem anderen Schluß:

Der Grabstein sei gemäß der Bestellung geliefert und auf dem Grab aufgerichtet worden. Er enthielt beide Namen des Ehepaars und die Lebensdaten des verstorbenen Mannes. Einige Zeit später ergänzte ein Witzbold mit weißer Farbe beim Namen der Frau irgendein Sterbedatum. Genau an dem angegebenen Tag starb die Frau tatsächlich.

Übermittelt von einem 15jährigen Gymnasiasten am 6. 8. 1990 nach der Rückkehr von der Freizeit in Schweden.

Viele ältere Menschen verfahren heute so, wie es in dieser Geschichte angegeben wird, aber mit ihrem Vorgehen rufen sie auch Ängste hervor, wie sie in der Erzählung zum Ausdruck kommen.

90. Das vergiftete Brautkleid

Während einer Hochzeitsfeier in Polen verliert die Braut plötzlich das Bewußtsein und stirbt. Als Todesursache wird eine Vergiftung durch Leichengift festgestellt. Es zeigt sich, daß das Gift durch eine Schramme in den Körper eingedrungen war, welche beim Anziehen des Brautkleides vom Reißverschluß verursacht wurde. Die anschließende gerichtliche Untersuchung ergibt, daß das Brautkleid beim Totengräber gekauft worden war. Dieser gesteht, das Kleid einer Leiche ausgezogen zu haben.

Quelle: Simonides 1987, 275.

Eine Variante dieser modernen Makabergeschichte ist von Smith (1986, 49) in England aufgezeichnet worden. Sie handelt von einem Ballkleid, das in einem Altkleiderladen erworben wurde und einen seltsamen Geruch ausströmt. Man führt dies auf die Behandlung des Kleides mit Mottenkugeln zurück, gibt etwas Parfum darauf, und am nächsten Tag geht die Tochter in dem Kleid zum Ball. Während des Abends fühlt sie sich nicht besonders gut. In den Tanzpausen muß sie sich öfters hinsetzen, und am Ende wird es so schlimm, daß sie mehrfach in Ohnmacht fällt und ihr Begleiter sie in einem bedenklichen Zustand nach Hause bringt. Alle kümmern sich um sie, der Arzt wird gerufen, schließlich wird sie ins Krankenhaus gebracht, wo sie ein paar Stunden später stirbt. Die Untersuchung ergibt, daß das Kleid, das sie beim Ball trug, bei der

Beerdigung eines anderen Mädchens als Sargkleid gedient hat und von dem Beerdigungsinstitut an den Second-Hand-Kleiderladen verkauft worden war. Das Kleid war mit Balsamierungsflüssigkeit getränkt, die im Laufe des Abends in die Haut des Mädchens eingedrungen ist und es vergiftet hat.

Smith hat seinen Text mit Hinweisen auf zahlreiche Parallelen versehen, die in den USA bis in die unmittelbare Nachkriegszeit zurückgehen. Eine holländische Parallele ist festgehalten bei Portnoy 1987, Nr. 32. Diese und viele verwandte Sagen basieren auf dem ausgeprägten Mißtrauen gegenüber diebischen Totengräbern, denen von alters her Veruntreuung von Schmuck, Zahngold und Kleidungsstücken nachgesagt wird (vgl. R. W. Brednich: Die tote Frau kehrt zurück. In: Enzyklopädie des Märchens 5, 1987, 199–203). Neuerdings gesellt sich das Unbehagen gegenüber den Methoden der Bestattungsunternehmen hinzu.

91. Das Messer im Pelzmantel

An einem Wintertag standen viele Leute in Tîrgu Mureş (Rumänien) an einer Bushaltestelle. Als der Bus endlich kam und die Fahrgäste einstiegen, gab es an der Tür plötzlich einen fürchterlichen Schrei. Eine Frau im Ledermantel war zusammengebrochen und blutete stark. Sie wurde vom Rettungswagen abtransportiert, und im Krankenhaus stellte man fest, daß sie im Bein eine tiefe Schnittwunde hatte. Die Sehnen waren durchtrennt worden, und sie blieb ihr ganzes Leben lang an einem Bein gelähmt.

Bei einer gründlichen Untersuchung des Unfalls stellte sich schließlich heraus, daß an dem schönen Ledermantel kurz zuvor eine Reparatur vorgenommen worden war. Dabei hatte der Kürschner aus Versehen sein Kürschnermesser in das Futter eingenäht. Als die Frau dann im Gedränge in den Bus einsteigen wollte, kam es zu der unglücklichen Verletzung.

Quelle: Aufgezeichnet von Anna Bálint, 30, Studentin der Kunstgeschichte und Volkskunde in Göttingen im Juli 1990, nach der

Erzählung einer ehemaligen Mitschülerin um 1970 in Tîrgu Mureş, Rumänien.

In dieser Erzählung handelt es sich um ein unbeabsichtigtes Versehen eines Kürschners. In einer entfernt verwandten aktuellen Sage ist davon die Rede, daß Kürschner beim Herstellen von Damenhandschuhen mit voller Absicht Nadeln in die Fingerspitzen mit einnähen. Diese Nadeln sind mit Betäubungsmitteln präpariert, so daß den Kundinnen beim Anprobieren schlecht wird. Der Verkäufer begleitet die Frauen dann bereitwillig in ein Nachbarzimmer, von wo sie entführt und als Sklavinnen oder Prostituierte in fremde Länder verkauft werden. So angeblich geschehen in Tienen (Belgien) in einem erstklassigen Lederwarengeschäft (vgl. Top 1990, 275 und unseren Text Nr. 96).

92. Das Rauschgiftbaby

Die Stewards und Stewardessen der Lufthansa sind angewiesen, den Babys und Kleinkindern während der Reise besondere Aufmerksamkeit zu widmen. Auf dem Flug von Bogotá in Kolumbien nach Frankfurt a. M. beobachtete einmal eine Flugbegleiterin ein Baby, welches die ganze Zeit verdächtig ruhig zwischen seinen Eltern saß, nicht schrie, nichts aß und sich nicht einmal bewegte. Sie teilte ihre Beobachtungen dem Kapitän mit, der kurz vor der Landung per Funk die Rauschgiftfahndung verständigte. Auf dem Flughafen stellten die Beamten dann fest, daß das Baby tot war. Sein Körper war ausgeweidet und mit Kokain vollgestopft.

Quelle: Erzählung eines Busfahrers aus Duderstadt auf einer Exkursion nach Norddeutschland im Juli 1989, der sie von einem süddeutschen Berufskollegen gehört hatte.

Wenn man, wie der Autor der vorliegenden Sammlung, der Rauschgiftkriminalität sehr ferne steht, läßt sich der Wahrheitsgehalt einer solchen Horrorgeschichte schlecht ermessen. Allerdings ist Vorsicht geboten, da ähnliche Texte in den Editionen von Smith (1986, 59) aus England und Brunvand (1986, 145 f.) aus den

USA abgedruckt sind und auch die deutsche Zeitschrift Tempo (11. Nov. 1987, S. 80) eine Fassung des „Mythos vom Kokainbaby" publiziert hat. Auch in Finnland sind ähnliche Geschichten im Umlauf: Die Sammlung von Virtanen (1987, 114) enthält die Story von Heroinhändlern, die den Stoff in die Leiche eines Babys füllen und die Rauschgiftfahndung zu überlisten versuchen, indem sie behaupten, das Baby sei allergisch gegen Hunde.

In den Umkreis dieser Geschichten führt auch die folgende Zeitungsmeldung vom 8. 4. 1989 im „Lüner Anzeiger":

„Medellin. Den plötzlichen Herztod seiner Mutter während eines Urlaubs in Kolumbien hat ein 34jähriger Münchner genutzt, um Kokain zu schmuggeln. Wie die amerikanische Zeitschrift ‚Sun' berichtete, hatte der Mann, dessen Namen mit Helmut Jürgens angegeben wurde, einen Leichenbestatter in Medellin gebeten, die Organe seiner Mutter aus dem Körper zu entfernen, um so Platz für 5,5 Kilo Kokain zu schaffen. Während der Sohn mit dem Sarg der Mutter nach Deutschland flog, packte der Kolumbianer bei der Polizei aus. Der Münchner wurde festgenommen."

Auch dies klingt mehr nach einer internationalen Wandersage denn nach seriöser Pressemeldung.

IX. Merkwürdige Zufälle

93. Der Universalerbe

Ein junger Gelehrter soll sich einmal bei der Vatikanischen Bibliothek in Rom um eine Stellung beworben haben. Bevor er zum Bewerbungsgespräch vor die Kommission gerufen wurde, mußte er eine Weile warten. Er stand vor den riesigen Bibliotheksregalen und nahm in Gedanken ein Buch aus einem Fach: die „Geschichte der Zoologie" von einem französischen Autor namens Emile N. N. Beim Blättern in dem Buch stieß der Kandidat auf einen darin liegenden Brief. Er öffnete ihn und las zu seinem immer größer werdenden Erstaunen aus der Feder des Buchautors folgende Mitteilung:

Der Finder des Briefes halte das einzig übriggebliebene Exemplar dieses Werkes über die Geschichte der Zoologie in der Hand. Die Kritiker hätten es nach dem Erscheinen zerrissen, und das Publikum hätte sich daraufhin nicht dafür interessiert, also habe er das Werk einstampfen lassen bis auf dieses einzige Exemplar. Beim Finder des Briefes setze er wirkliches Interesse an dem Buch voraus, daher ernenne er ihn zum Universalerben.

Diese Geschichte taucht in mündlicher Überlieferung von Zeit zu Zeit an den verschiedensten Stellen Europas auf und soll auch in mehreren gedruckten Fassungen vorliegen. Vor einigen Jahren wurde der Text in Baden-Württemberg als englische Nacherzählung im Abitur verwendet. Ich verdanke die Aufzeichnung einem Leser von „Die Spinne in der Yucca-Palme", Dr. Werner K. Tantsch aus Eberbach/Neckar. Er berichtet dazu, er habe sich mit der Bibliotheca Vaticana in Rom in Verbindung gesetzt und nach dem Wahrheitsgehalt der Geschichte gefragt. Die Bibliothek antwortete, sie habe nie ein solches Werk besessen, auch sei der Titel bibliographisch nicht nachweisbar. Weiter hieß es, die Bibliothek bekomme jährlich Hunderte von Anfragen nach dieser Geschichte. Sie wirkt sehr glaubwürdig, ist aber dennoch wohl ein Stück literarischer Fiktion, die hauptsächlich in der Form der mündlichen Nacherzählung kursiert.

Eine entfernte Ähnlichkeit mit unserer Erzählung weist folgende aus den USA überlieferte Geschichte auf:

Eine Frau befindet sich auf der Madison Avenue in New York beim Einkaufen und sucht dringend nach einer Toilette. Da sie in den verschiedenen Läden keine gefunden hat, geht sie in ihrer Not in ein Beerdigungsunternehmen und benutzt dort das WC. Beim Verlassen des Geschäfts muß sie einen abgedunkelten Raum durchqueren, der mit Blumen geschmückt ist. In der Mitte des Raumes steht ein offener Sarg mit der Leiche eines Mannes darin. Besucher sind keine in Sicht. Die Frau fühlt sich ein wenig schuldig, weil sie die Einrichtung heimlich benutzt hat, und trägt sich in das aufliegende Gästebuch ein. Wenige Tage später erhält sie einen Anruf von dem Notar des Verstorbenen und erfährt, daß der Verstorbene sehr reich war und 10000 Dollar für jede Person ausgesetzt hatte, die seine Beerdigung besuchen würde. Die Frau war die einzige Besucherin (Quelle: Brunvand 1989, 267 f.).

94. Der Konfirmationsanzug

Im Frühjahr 1990 gingen durch die bundesdeutsche Presse mehrere Berichte über Kleiderspenden aus den Industrieländern, die in Dritte-Welt-Ländern im Handel aufgetaucht seien. Im Juni 1990 kam im Bekanntenkreis von der Aufzeichnerin das Gespräch auf dieses Thema, woraufhin ein Göttinger Psychologe (33) die folgende Geschichte erzählte:

Ein junger Mann aus Göttingen hat vor einigen Jahren eine Tour durch Afrika gemacht. In einer nigerianischen Stadt bummelte er durch einen Basar und wurde dabei auf einen Händler aufmerksam, der für afrikanische Verhältnisse recht modische Kleidung anbot. Der Tourist sah sich einige der angebotenen Hemden und Hosen an und bemerkte, daß es sich um bereits getragene Stücke – offenbar aus einer Kleidersammlung in Europa – handelte. Für ihn war aber nichts Passendes dabei, und so ging er weiter. Aber der Händler kam ihm irgendwie bekannt vor. Zunächst verwarf er den Gedanken, daß er ihn von irgendwoher kennen könnte, aber die Sache ließ ihm schließlich doch keine Ruhe, so daß er später noch einmal an dem Stand vorbeischlenderte, um sich den Mann genauer anzusehen. Auf einmal erkannte er, warum ihm dieser Afrikaner so vertraut vorkam: Der Schwarze trug seinen Konfirmationsanzug! Der Sahnefleck vom Konfirmationskaffeetrinken, der bei der Reinigung nie ganz rausgegangen war, prangte noch am Kragen des Jacketts. Im Jahr zuvor hatte seine Mutter den Anzug für eine Kleidersammlung des Roten Kreuzes gespendet.

Aufgezeichnet von Angelika Kindermann in Göttingen. Der Erzähler hatte diese Geschichte von einem Bekannten gehört, der behauptete, den Mann, der seinen Konfirmationsanzug in Afrika wiederfand, persönlich zu kennen.

Die Geschichte hat alles, was eine typische moderne Sage ausmacht: Eine gute Story mit einem besonderen Überraschungseffekt, Glaubwürdigkeit, Plausibilität und Aktualität. Ihr besonderer Reiz liegt außerdem noch darin, daß man auf einer Reise in fremde Länder alles andere erwarten kann, als einem persönlichen Erinnerungsstück zu begegnen. Daß es sich gerade um einen Konfirmationsanzug handelt, ist zumindest nicht ganz unwahrscheinlich, denn von der Festkleidung im traditionellen Schwarz trennen sich sowohl weibliche als auch männliche Konfirmanden heute meistens sehr leicht, da diese Kleider und Anzüge als Teil eines Übergangsritus (rite de passage) nach dem Fest alsbald ihre Funktion verlieren und früher oder später in der Kleiderspende landen.

95. Die italienischen Schuhe

Die folgende Geschichte spielt in einem israelischen Kibbuz. In den Kibbuzim führt man bekanntlich ein einfaches, naturnahes Leben in Gemeinschaft. Ein Lehrer erzählt:

Ich hatte in einer meiner Klassen einmal ein Mädchen, das, solange ich mich erinnern kann, sich gern hübsche Kleider und alles mögliche Zubehör anzog. Sie war die erste im Kibbuz, die sich die Ohren durchstechen ließ; die anderen in ihrer Klasse machten es ihr nach. Das Verhalten war ziemlich ungewöhnlich, aber sosehr wir es auch versuchten, wir konnten es nicht ändern. Sie war eine geborene Lady, obwohl ihre Eltern überhaupt nicht von dieser Art waren.

Als sie vom Militärdienst zurückkam, sah sie aus, als ob sie geradewegs aus den Seiten eines Modemagazins herausspaziert sei und als ob Mode die wichtigste Sache der Welt wäre. Jetzt entwickelte sie einen besonderen Hang zu exquisiten Schuhen, und ich konnte kaum verstehen, wie sie sich das von ihrem schmalen Taschengeld leisten konnte. Eines Tages fuhr sie nach Haifa und kaufte sich ein Paar sündhaft teure Schuhe. Auf der Herzlstraße gibt es einen speziellen Laden für italienische Schuhe, und dort verlangen sie irrsinnige Preise dafür. Sie hatte die Schuhe noch nicht drei Tage getragen, da fielen sie schon auseinander und waren nicht mehr zu gebrauchen. Empört ging sie wieder in den Laden und verlangte Ersatz für die Schuhe oder ihr Geld zurück. Der Ladeninhaber behandelte sie ziemlich unhöflich und verweigerte ihr den Umtausch oder die Erstattung des Ladenpreises. Die Frau machte eine ziemlich heftige Szene im Laden, bis es dem Inhaber ungemütlich wurde und er ihr die Adresse der Schuhfabrik in Italien gab mit dem Rat, sich direkt beim Hersteller zu beschweren. Sie schrieb hin und bekam wenig später eine sehr freundliche Antwort. Die Firma schrieb, es tue ihnen leid, daß sie Schwierigkeiten mit den Schuhen bekommen hätte. Sie könnten das aber gar nicht verstehen: Sie produzierten schon seit über 20 Jahren Schuhe für Sargausstatter und hätten bisher noch nie eine Beschwerde erhalten.

Quelle: Shenhar 1989, 76 f. nach der Erzählung eines Lehrers. Die Aufzeichnerin hat die Aussage dieser israelischen Erzählung klar herausgearbeitet: Das junge Mitglied des Kibbuz verstößt durch sein nichtangepaßtes Verhalten gegen die Normen des auf einfache Lebensführung ausgelegten Systems und erhält dafür eine spürbare Sanktion. Das durch die Erzählung negativ sanktionierte Luxusbedürfnis kann nur außerhalb der Gemeinschaft befriedigt werden, und dort herrschen die Gesetze der kapitalistischen Warenproduktion, dort betätigen sich auch ausländische Händler, die sich im vollkommenen Gegensatz zu den Beerdigungsriten der jüdischen Religion und Gesellschaft befinden.

Die Vorstellung von der Existenz einer Warenproduktion speziell für die Ausstattung von Särgen gibt es auch in Mitteleuropa. Hier kursieren beispielsweise Erzählungen von einer Braut, die ihr Brautkleid in eine Änderungsschneiderei bringt und erfahren muß, daß sie ein Billigprodukt aus einem ostasiatischen Spezialunternehmen für Sargausstattungen erworben hat.

96. Mädchenraub

Im Mai 1969 verbreitete sich in der französischen Stadt Orléans das Gerücht, daß sechs Damenmode-Geschäfte im Stadtzentrum von Mädchenhändlern beherrscht würden. Junge Kundinnen würden beim Besuch dieser Geschäfte gekidnappt, wenn sie die Umkleidekabinen zum Anprobieren der neuen Kleider aufsuchten. Die Täter würden ihre Opfer mit Spritzen betäuben und sie nachts durch unterirdische Gänge und Kanäle aus der Stadt schaffen, um sie in weit entfernte Bordelle zu bringen und zur Unzucht zu zwingen.

Dieses Gerücht beherrschte die Stadt Orléans für drei Monate und griff später auch auf Amiens über, nachdem es vorher bereits in Rouen aufgetaucht war. Da sich die sechs Boutiquen in Orléans sämtlich in jüdischem Besitz befanden, nahm das Gerücht antisemitische Züge an. Obwohl der Polizei nicht ein einziger Fall von

Entführung bekannt wurde und sich auch die Medien bei der Verbreitung entsprechender Nachrichten sehr zurückhielten, glaubten Tausende von Bürgern aus Orléans an die Wahrheit des Gerüchts. Der französische Soziologe Edgar Morin hat im gleichen Jahr an Ort und Stelle eine Untersuchung vorgenommen und festgestellt, daß die zugehörigen Erzählungen zuerst in Mädchenschulen und -internaten aufkamen, sich mit immenser Geschwindigkeit vor allem in Frauenkreisen ausbreiteten und sich schließlich zu einer Art Verschwörungstheorie verdichteten, ehe das zugrundeliegende Gerücht in sich zusammenbrach. Vgl. das Buch von Edgar Morin: La rumeur d'Orléans. Paris 1969, das seither als Klassiker der modernen Gerüchteforschung gelten kann. Eine deutsche Zusammenfassung bietet der Aufsatz von Heiko Ernst: Das Gerücht von Orléans. Eine klassische Fallgeschichte. In: Psychologie heute 16 (1989) H. 5, 25–27. P. Watzlawik (1978, S. 90) hat diesen Fall folgendermaßen beurteilt: „Je übertriebener und extravaganter eine Geschichte ist, desto eher scheinen die Leute sie zu glauben."

Selbstverständlich ist das Gerücht nicht auf Frankreich beschränkt geblieben. Vergleichbare Geschichten existieren auch in anderen Ländern, z. B. in den Niederlanden (Portnoy 1987, Nr. 62), in England (Smith 1986, 61) und in den USA, wo Brunvand (1989, 85 f.) von einer japanischen Studentin den Text einer Sage mit folgendem Inhalt erhielt:

Ein junges japanisches Paar unternimmt seine Hochzeitsreise nach Frankreich. Beim Einkaufen in einer Pariser Modeboutique verschwindet die Frau in der Umkleidekabine und ist trotz intensiver Nachforschungen nicht mehr aufzufinden. Fünf Jahre später teilt ein Freund dem Ehemann mit, er habe seine verschwundene Frau auf den Philippinen gesehen – an Armen und Beinen verstümmelt als besondere Attraktion eines Wanderzirkus.

Nicht nur die Umkleidekabinen von Modegeschäften, auch Hotelzimmer, Aufzüge, Tiefgaragen oder die Toiletten großer Restaurants gelten in den modernen Sagen als der Sitz des Bösen und Bedrohlichen. Der amerikanische Thriller „Frantic" mit Harrison Ford in der Hauptrolle hat die modernen Großstadtängste überzeugend im Film dargestellt.

97. Die Tischdecke im Hosenlatz

Ein junger Mann war zum ersten Mal bei den Eltern seiner Freundin zum Abendessen eingeladen, und er bemühte sich natürlich, einen möglichst guten Eindruck zu machen. Es wurde ein schöner Abend an einer reichgedeckten Tafel. Die Gastfreundschaft der Eltern kannte fast keine Grenzen, und sie nötigten ihn fortwährend zum Zugreifen. Nachdem er beim Hauptgericht zum dritten Mal zugelangt hatte, fühlte er sich so satt, daß er sich an der Taille Erleichterung verschaffen mußte und dazu unter dem Tischtuch seinen Hosenlatz öffnete. Als das Essen endlich vorbei war, schloß er ebenso heimlich wieder den Reißverschluß an der Hose, um dem Vater seiner Freundin zu einem Drink ins Nebenzimmer zu folgen. Unglücklicherweise hatte er aber beim Schließen des Reißverschlusses eine Ecke des Tischtuches in seinen Hosenlatz eingeklemmt, so daß er beim Aufstehen den gesamten Tisch abdeckte.

Diese von einem Göttinger Studenten der Betriebswirtschaft im Mai 1990 erzählte Geschichte wird auch in England und Irland überliefert. Smith (1986, 26) hat sie ohne weitere Quellenangabe in seiner Sammlung zum Abdruck gebracht, eine irische Variante findet sich bei Dhuibhne 1983, 67. Ich habe die gleiche Geschichte auch schon früher in etwas veränderter Form mit doppeltem Mißgeschick für den jungen Mann gehört. Hier bemerkt die Freundin während des Essens, daß der Gast mit offenem Hosenladen am Tisch sitzt. Sie gibt ihm ein Zeichen, und er versucht, die Tischgesellschaft mit einem Blick durch die Terrassentür auf den blühenden Garten abzulenken. In diesem Augenblick paaren sich im Garten aber zwei Hunde; der Schluß stimmt mit der obigen Version überein. Die internationale Verbreitung der Sage wird durch eine amerikanische Variante (wiedergegeben bei Klintberg 1990, 100 f.) und eine finnische Fassung bei Virtanen (1987, 163) dokumentiert.
  Eine belgische Erzählung bei Top (1990, 276) variiert das Thema etwas: Sie handelt von einem Ehepaar beim Theaterbesuch. Der Ehemann klemmt beim Schließen seines Hosenlatzes das Abendkleid der vor ihm Platz nehmenden Dame ein. Die beiden un-

trennbar miteinander Verbundenen müssen die Toilette aufsuchen, wo sie die Polizei wegen anstößigen Verhaltens verhaftet. In ihren verschiedenen Formen ist die Erzählung Ausdruck verbreiteter männlicher Ängste, mit offenem Hosenlatz angetroffen zu werden.

98. Zahnlos

An der ostfriesischen Nordseeküste lebt ein Mann, der keine größere Freude kennt, als zum Fischen auf die See hinauszufahren. Am liebsten tut er es in Gesellschaft, hat aber oft Schwierigkeiten, geeignete Angelpartner zu finden. An einem etwas windigen Tag packt ihn mal wieder die Lust, aufs Meer hinauszufahren, und er lädt einen Freund ein, ihn zu begleiten. Der will zunächst nicht, weil das Wetter ungünstig ist, aber am Ende stimmt er doch zu. Als sie auf offener See angekommen sind und ihre Angeln auszuwerfen beginnen, wird der Freund infolge der hohen Wellen bald seekrank und muß sich übergeben. Er beugt sich über die Bootskante, und unglücklicherweise geht dabei auch sein künstliches Gebiß mit über Bord. Der Bootsbesitzer, der ebenfalls Gebißträger ist, befestigt seine eigenen dritten Zähne unbemerkt an der Angelschnur. Dann zieht er ein, zeigt seinem Freund im Ulk seinen „Fang" und fragt ihn, ob es vielleicht seine seien. Der schaut sie an, sagt, es seien nicht seine, und wirft sie über Bord.

Gehört und aufgezeichnet im Dezember 1989 bei Freunden in Oldenburg. Ich hatte diesen Text zunächst unter „Seemannsgarn" bzw. „Anglerlatein" abgelegt, als ich eine ähnliche Geschichte in den Sammlungen moderner Sagen von Stefaan Top aus Belgien entdeckte (Top 1990, 276) und auch in anderen Sammlungen (Brunvand 1986, 87, Portnoy 1987, Nr. 99 und Bishop 1988, 78 f.) auf eine typologisch sehr ähnliche Schwankerzählung stieß. Sie hat folgenden Inhalt:

Ein australisches Ehepaar in mittleren Jahren, das im Unfrieden miteinander lebt, verbringt seinen Urlaub an der Gold Coast. An einem Tag sind die Wellen sehr hoch, und die Frau will eigentlich nicht schwimmen gehen, aber der Ehemann besteht so sehr auf einem gemeinsamen Bad, daß sie schließlich einwilligt und mit ihm ins Wasser geht. Das Unvermeidliche passiert: Die Frau wird gleich von der ersten Welle gepackt, untergetaucht und mit Seetang und Sand bedeckt wieder an Land gespült. Zeternd beklagt die Frau den Verlust ihrer künstlichen Zähne. Das Paar macht sich auf die Suche nach dem Gebiß, der Mann eher vergnügt, die Frau wütend. Als sie nicht hinsieht, nimmt der Ehemann seine eigenen falschen Zähne aus dem Mund, spült sie ab und zeigt sie im Scherz seiner Frau. Sie nimmt sie ihm skeptisch aus der Hand und probiert sie an. „Das sind nicht meine", sagt sie verächtlich und wirft die Zähne im hohen Bogen in die Wellen.

Diese Erzählung gehört zum weiteren Umkreis der Sage vom „Ring im Fischbauch", siehe Antti Aarne – Stith Thompson, The Types of the Folktale. Helsinki 1961, Typ AaTh 736A *The Ring of Polycrates*.

99. Häufung von Schrecken

Ein Mann wird eines Nachts von seiner Frau geweckt, weil sie Geräusche im Erdgeschoß der Villa gehört hat. Er steht leise, ohne das Licht einzuschalten, auf, entnimmt der Nachttischschublade eine Pistole und schleicht die Treppe ins Erdgeschoß hinunter, um den vermuteten Einbrecher auf frischer Tat zu ertappen. Nach erfolgloser Suche ereilt den Mann das erste Mißgeschick: Der Gummizug seiner Pyjamahose reißt, und die Hose rutscht. Gleichzeitig verspürt er am Hinterteil eine naßkalte Berührung. Erschrocken schlägt er mit der pistolenbewehrten Hand hinter sich. Statt eines Einbrechers trifft er allerdings nur eine Fensterscheibe, die zu Bruch geht und ihn an der Pulsader verletzt. Beim Lichtanschalten stellt sich der vermeintliche Einbrecher als ein harmloser und freundlicher Hund heraus, der durch die angelehnte Terrassentür in das Haus gelangt war. Die Frau verbindet ihren Mann notdürftig und ruft einen Krankenwagen. Während ihr Mann im Krankenhaus chirurgisch versorgt wird, beseitigt die Frau mit Reinigungsbenzin die Blutflecken, die auf Teppich und Polstermöbeln entstanden waren. Die dabei benutzten Reinigungstücher wirft sie anschließend in die Toilette.

Als der Mann wieder aus dem Krankenhaus zurück ist, benutzt er die Toilette, zündet sich eine Zigarette an und wirft das Streichholz unter sich. Damit löst er eine Stichflamme aus und zieht sich erhebliche Verbrennungen zu. Die Frau ruft erneut einen Krankenwagen. Die Rettungssanitäter lagern den Mann, den sie schon vom ersten Transport her kennen, bäuchlings auf die Trage und bringen ihn die Treppe hinunter, wobei er ihnen von seinem Mißgeschick erzählt. Daraufhin müssen sie so lachen, daß ihnen der Verletzte von der Trage fällt und er sich zu alledem noch ein Bein bricht.

Aufgezeichnet und eingesandt von einem Arzt aus Wesseling-Urfeld am 10. 3. 1990. Aufgrund der Veröffentlichung zweier ähnlicher Varianten in der „Spinne in der Yucca-Palme" Nr. 87 habe ich mich von vielen Lesern darüber belehren lassen müssen, daß der „richtige" Verlauf der Erzählung von der Häufung der Mißgeschicke der hier mitgeteilte ist. In dieser Form ist die Geschichte offenbar seit den frühen sechziger Jahren im gesamten deutschen Sprachraum verbreitet und so populär, daß kaum noch jemand ernsthaft auf die Idee kommen kann, daß es sich um eine wahre Geschichte handelt: sie ist moderne Folklore.

100. Sturzgeburt

Etwa im Jahre 1912 kam eine Bäuerin aus der Schwalm in die Universitätsfrauenklinik nach Marburg, um sich wenige Wochen vor ihrer Entbindung nochmals untersuchen zu lassen. Die Schwalm ist eine Landschaft in Oberhessen, in der die Bäuerinnen bis zur Mitte dieses Jahrhunderts die landesübliche Tracht mit enggeschnürter Wespentaille, mehreren kurzen Röcken übereinander und langen weißen Strümpfen trugen. So auch die Bäuerin in der Marburger

Klinik. Der zuständige Arzt stellte nach der Untersuchung zu seiner Überraschung fest: „Sie haben bereits entbunden!" Auf diese Mitteilung hin war die Frau völlig außer sich und hatte keine Erklärung für den Sachverhalt. Auf Befragen des Arztes erzählte sie, was sie in den Stunden zuvor gemacht hatte. Sie sei morgens mit der Kleinbahn nach Marburg gefahren. Allerdings sei ihr auf der Fahrt schlecht geworden, und sie habe für einige Minuten den Abort aufsuchen müssen. Der Arzt fuhr in richtiger Ahnung der Dinge sofort mit dem Fahrrad die Eisenbahnstrecke ab und fand tatsächlich wenige Kilometer von Marburg entfernt das neugeborene Baby unversehrt zwischen den Schienen liegen.

Die Bäuerin hatte, festgeschnürt in die Schwälmer Tracht und der Tradition entsprechend ohne Unterwäsche, das Kind auf dem Abort in einer Sturzgeburt verloren. Das Kind war in das Klobecken gefallen, der automatische Abortunterdeckel muß ebenso wie die Holzschwelle zwischen den Geleisen den Sturz abgebremst haben. Das Kind wurde wohlbehalten geborgen und lebte als kräftiger Bauersmann noch in den fünfziger Jahren in der Schwalm.

Quelle: Briefliche Mitteilung des Schriftstellers Bernd Grashoff aus Frasdorf/Oberbayern vom 30. 6. 1990. Er erfuhr diese Geschichte während seines Studiums in Göttingen Anfang der fünfziger Jahre von einem befreundeten Mediziner, der behauptete, der Vorfall sei sogar vor 1914 in einer Marburger medizinischen Doktorarbeit behandelt worden. Das Jahresverzeichnis der deutschen Universitätsschriften nennt für den fraglichen Zeitraum zwar u. a. eine medizinische Dissertation über das Quäken der Säuglinge im Mutterleib (vagitus uterinus), ein altes Sagenmotiv, jedoch keine Arbeit über die Schwälmer Sturzgeburt. Wahrscheinlich handelt es sich bei unserem Text um eine der vielen in Medizinerkreisen beheimateten fachspezifischen Erzähltraditionen (vgl. auch Nr. 41 der vorliegenden Sammlung).

Beziehungen der Erzählung zur Wirklichkeit sind aber durchaus gegeben, denn Nachrichten von unbemerkter Schwangerschaft oder Geburt sind trotz fortgeschrittener medizinischer Aufklärung und Versorgung auch heute noch relativ häufig anzutreffen und werden vor allem von der Sensationspresse begierig aufgegriffen und verbreitet.

Zu der vorliegenden Geschichte paßt schließlich die folgende Zeitungsmeldung:

„A. P. Sendepause für alberne Sprecher. Zwei Nachrichtensprecher des Fernsehens in Simbabwe sind vom Dienst suspendiert worden, weil sie in der laufenden Sendung lauthals über eine Meldung lachten. Wie die staatliche Fernsehgesellschaft in Harare mitteilte, verloren die beiden Sprecher ihre Fassung, als in der Sendung an Heiligabend eine Nachricht über die Geburt eines Kindes in einer Zugtoilette verlesen wurde. Das Neugeborene sei durch die Toilette auf die Gleise gefallen und habe überlebt, hieß es in der Meldung. Der TV-Gesellschaft zufolge werden die Moderatoren nach Beschwerden von Zuschauern nun drei Monate lang nicht mehr auf dem Bildschirm erscheinen." (Quelle: Südwestpresse Ulm, 29. 12. 1992; freundlicher Hinweis von Dr. H. J. Biener, Amberg.)

101. Die Pflanze im Nabel

Ein Mann namens Paul F. aus der Umgebung von Limoges in Frankreich mußte sich im April 1951 im Krankenhaus der Stadt einer ungewöhnlichen Operation unterziehen. Einige Tage zuvor hatte er immer stärkere Bauchschmerzen und eine lebhafte Behinderung im Unterkörper verspürt. Der behandelnde Arzt stellte fest, daß dem Mann ein Samen vom Bocksbart in den Nabel gelangt war und seine Wurzeln in der Umgebung ausgebreitet hatte. Mit Pinzette und Skalpell mußte der Mediziner das Gewächs aus dem Körper seines Patienten entfernen. Es stellte sich heraus, daß Herr F. ein Gärtner war, der die Säcke mit seinen Sämereivorräten auf dem Speicher über dem Schlafzimmer seiner Hütte aufzubewahren pflegte. Ein Korn des Bocksbartsamens muß durch seinen Hemdkragen gefallen sein und sich in seinem Nabel eingenistet haben. Es fand dort günstige Bedingungen für den alsbald einsetzenden Keimungsprozeß vor.

Diese Geschichte kursierte im Frühjahr 1951 in verschiedenen französischen Tageszeitungen und veranlaßte den bekannten französischen Karikaturisten Verner Vittins zu einer Karikatur in der Zeitschrift „Arts spectacles", Paris 1952. Sie zeigt den Gärtner auf dem Operationstisch mit einer Gießkanne in der Hand, den blühenden Schößling gießend. Dem Künstler danke ich herzlich für die Vermittlung der Geschichte. Sie ist ebensowenig glaubwürdig wie die von dem amerikanischen Schriftsteller-Professor Norman Maclean berichtete Story von einem Schafhirten im westlichen Montana, der zu einer Operation in die Klinik eingeliefert wurde und der seine Unterwäsche nicht ausziehen konnte, weil seine Haare durch dieselbe hindurchgewachsen waren und sie vollständig verfilzt hatten. Angeblich mußte man ihn wie ein Huhn rupfen, und als er schließlich die Unterwäsche abstreifen konnte, blieben große Hautfetzen daran hängen: vgl. N. Maclean, A River Runs Through It and Other Stories. Chicago/London 1976, S. 31.

Verwandt ist auch eine von Smith (1986, 48) erwähnte Lesart, in der ein Junge eine Erbse in seine Nase schiebt und einige Wochen später mit Atembeschwerden in eine Klinik eingeliefert wird. Der Arzt stellt fest, daß die Erbse in der Zwischenzeit gekeimt hat und daß sie ihre Zweige bis das Gehirn und ihre Wurzeln bis in die Lunge des Bedauernswerten vorgetrieben hat. In einer holländischen Variante bei Portnoy (1987, Nr. 110) keimt angeblich eine Fleischtomate im künstlichen Gebiß einer Frau.

Im Jahr 1993 machte folgende Zeitungsmeldung in Deutschland die Runde: „Baum keimte im Ohr eines Kindes. Tel Aviv, 15. 4. (dpa). Ein sechsjähriges Mädchen aus der südisraelischen Stadt Beersheba, das mit starken Ohrenschmerzen in die Notaufnahme eines Krankenhauses gebracht wurde, hat dem dortigen Arzt eine dicke Überraschung beschert: Ursache für die Schmerzen im Ohr war der keimende Kern eines Johannisbrotbaumes. Wie die israelische Zeitung ‚Jediot Acharonot' am Donnerstag berichtete, entfernte der Mediziner aus dem stark angeschwollenen Ohr des Kindes einen Kern des immergrünen Baumes mit lederartigen Blättern, der schon Keime und sogar ein kleines Blatt produziert hatte. Wie sich herausstellte, hatte das Mädchen einige Wochen zuvor mit dem Kern des Baumes gespielt und ihn sich versehentlich ins Ohr gesteckt. Die feuchtwarme Umgebung des äußeren Gehörganges brachte den Kern des Johannisbrotbaumes, von dem sich nach der Legende schon Johannes der Täufer ernährt hat, zum Sprießen." Neue Osnabrücker Zeitung vom 16. 4. 1993. Als Meldung des Tages auch in der BILD-Zeitung vom 31. 8. 1993.

102. Die Handtasche

Eine schon etwas ältere Frau aus einem Vorort von Mainz ging regelmäßig zum Einkaufen nach Mainz in den Kaufhof. Bevor sie ihre Einkäufe erledigte, besuchte sie stets die Damentoilette und pflegte dabei ihre Handtasche auf den Boden vor sich hin zu stellen. Eines Tages, als sie wieder gerade die Toilette benutzte, kam eine Hand aus der Nachbartoilette und zog von unten ihre Tasche weg. Die Frau wollte sofort die Verfolgung des Diebes oder der Diebin aufnehmen, aber bis sie soweit war, erwies sich die benachbarte Toilette längst als leer. Mit der Handtasche waren ihr viel Geld, aber auch Papiere und Schlüssel verlorengegangen. Sie meldete den Verlust bei der Geschäftsleitung des Kaufhauses und beschwerte sich. Man versprach, ihr bei der Wiederbeschaffung der Tasche zu helfen. Kaum war sie wieder zu Hause, erreichte sie ein Anruf der Geschäftsleitung des Kaufhauses, man habe erfreulicherweise ihre Tasche samt Inhalt wiedergefunden, sie möge sie abholen. Froh machte sich die Frau wieder auf den Weg in die Innenstadt, um jedoch im Kaufhaus zu erfahren, daß man von einem Anruf und ihrer wiedergefundenen Tasche nichts wisse. Die Frau eilte nach Hause, wo sich ihr schlimmer Verdacht bestätigte: Alle Wertgegenstände waren während ihrer Abwesenheit aus dem Haus weggeschafft worden.

Diese Erzählung habe ich bereits Mitte der siebziger Jahre von einer Mitarbeiterin des ZDF in Mainz gehört und lange Zeit für bare Münze gehalten, bis ich in einem Aufsatz, den mein belgischer Kollege Stefaan Top über moderne Sagen in Belgien für die Zeitschrift „Fabula" geschrieben hatte, ein Gegenstück fand. Bei ihm spielt die Geschichte in Deurne und hat einen etwas veränderten

Ausgang: Die bestohlene Frau erhält zu Hause einen Anruf von einem Mann, der behauptet, seine Frau sei eine Kleptomanin, er habe die Handtasche bei ihr gefunden. Sehr gerne wolle er sie ihr wieder zurückgeben, und er verabredet mit ihr ein Treffen in einer Gastwirtschaft. Die Frau geht dorthin, findet aber niemanden vor, und während sie wartet, wird ihr Haus ausgeräumt (Top 1990, 275). Später habe ich festgestellt, daß in einer gleichlautenden englischen Variante die nämliche Geschichte auch bei Harrods, dem größten Londoner Kaufhaus, lokalisiert wird (Smith 1986, 56 f.).

Dieser Erzähltyp ist eine Variante der zahlreich verbreiteten, angstbesetzten Geschichten über Diebstähle und Einbrüche und die dabei zur Anwendung kommenden gemeinen Tricks (vgl. „Die Spinne in der Yucca-Palme" Nr. 36 und 73–75).

103. Der Koffer der alten Frau

Heute bin ich am Göttinger Bahnhof gewesen, und es war ein furchtbarer Betrieb. Ich stand am Bahnsteig an einem Kiosk, um eine Freundin vom Intercity aus München abzuholen. Da kommt eine alte Frau mit einem riesigen, schweren Koffer zu mir und fragt mich: „Haben Sie einen Moment Zeit und könnten hier bei dem Koffer stehenbleiben, ich muß eben mal Blumen für meine Nichte holen." Sie geht in den Blumenladen, und ich stehe bei dem fremden Koffer. Mit einem Mal tippt mich ein Mann von hinten an und sagt zu mir: „Entschuldigung, gehört Ihnen der Koffer?" – „Nein, der gehört einer alten Frau, die da gerade aus dem Laden kommt." Die Frau kommt zurück, und der Mann fragt jetzt auch sie, ob ihr der Koffer gehöre. Darauf fängt die Frau an zu zetern, es sei nicht ihr Koffer, sie habe ihn nie gesehen, sie wolle verreisen und könne dabei einen so großen Koffer überhaupt nicht gebrauchen. Durch ihr Zetern entsteht ein kleiner Aufruhr auf dem Bahnsteig, und die Leute scharen sich um uns herum. Der Mann, der mir auf die Schulter geklopft hat, ist ein Polizist in Zivil, der uns jetzt beide bittet mitzukommen und die Sache auf der Wache zu klären. Wir fahren zu dritt mit dem Koffer auf die Wache am Steinsgraben. So viel Zeit hatte ich eigentlich nicht, ich war sehr böse, weil ich die Ankunft meiner Freundin verpassen würde. Auf der Wache versuchen die Polizisten den Koffer zu öffnen, was ihnen erst nach mehreren vergeblichen Versuchen mit einem schweren Schraubenzieher gelingt. Der Kofferdeckel wird zurückgeklappt, eine darinliegende Bundeswehrdecke aufgehoben, und was kommt zum Vorschein? Lauter Knochen von dem Bären, den ich dir aufgebunden habe!

Erzählt von einem Göttinger Studenten, 25, aufgezeichnet im Mai 1989. Zu ähnlichen Geschichten, mit denen die Hörer aufs Glatteis geführt werden, vgl. „Die Spinne in der Yucca-Palme" Nr. 116.

Literaturverzeichnis

Bennett, Gillian – Smith, Paul: Contemporary legend. The first five years. Abstracts and bibliographies from the Sheffield conferences on contemporary legend 1982–1986. Sheffield 1990.

Bishop, Amanda: The Gucci Kangaroo & other Australian urban legends. Hornsby, NSW 1988.

Bonte, Wolfgang/Schnug, Guenther: Morphologische Befunde bei einer vorsätzlichen Handamputation. In: Archiv für Kriminologie 176/2 (1985) 101–108.

Brednich, Rolf Wilhelm: Nacherzählen. Moderne Medien als Stifter mündlicher Kommunikation. In: Lutz Röhrich/Erika Lindig (Hrsg.): Volksdichtung zwischen Mündlichkeit und Schriftlichkeit. Tübingen 1989, 177–186 (ScriptOralia, 9).

Brednich, Rolf Wilhelm: Die Spinne in der Yucca-Palme. Sagenhafte Geschichten von heute. München 1990a (Beck'sche Reihe, 403).

Brednich, Rolf Wilhelm: Trabi-Witze. Ein populäres deutsches Erzählgenre der Gegenwart. In: Volkskunde in Niedersachsen 7 (1990b) 18–35.

Brunvand, Jan Harold: The vanishing hitchhiker. American urban legends and their meanings. New York/London 1981 (zitiert nach der Ausgabe ebda. 1983).

Brunvand, Jan Harold: The choking doberman and other „new" urban legends. New York/London 1984.

Brunvand, Jan Harold: The Mexican pet. More „new" urban legends and some old favorites. New York/London 1986.

Brunvand, Jan Harold: Curses! Broiled again! The hottest urban legends going. New York/London 1989.

Campion-Vincent, Véronique: Contemporary legends about animal-release in rural France. In: Fabula 31 (1990) 242–253.

Communications 52. Paris 1990. Numéro special: Rumeurs et légendes contemporaines.

Dale, Rodney: The tumour in the whale. A collection of modern myths. London 1978.

Dale, Rodney: It's true... It happened to a friend. A collection of urban legends. London 1984.

Fischer, Helmut: Erhebung und Verarbeitung von Texten alltäglichen Erzählens. In: W. Raible (Hrsg.): Zwischen Festtag und Alltag. Zehn Beiträge zum Thema „Mündlichkeit und Schriftlichkeit". Tübingen 1988, 85–109 (ScriptOralia, 6).

Fischer, Helmut: Spinne in der Yucca-Palme: Neue Sagen und was sie sagen. In: Essener Universitätsberichte 1 (1989a) 23–29.

Fischer, Helmut: Der entmythologisierte Dämon. Beispiele aus dem gegenwärtigen Erzählgut. In: Leander Petzoldt/Siegfried de Rachewiltz (Hrsg.): Der Dämon und sein Bild. Frankfurt/Bern/New York 1989b, 27–41.

Fischer, Helmut: Ethnische Stereotypen in der gegenwärtigen Volkserzählung. In: Fabula 31 (1990) 262-271.

Hesemann, Michael: UFOs: Die Beweise. Eine Dokumentation. 3. Aufl. München 1990.

Hesemann, Michael: UFOs: Die Kontakte. München 1990.

Hohler, Franz: Die Rückeroberung. Erzählungen. Darmstadt/Neuwied 1982.

Klintberg, Bengt af: Die Ratte in der Pizza und andere moderne Sagen und Großstadtmythen. Kiel 1990.

Lauf, Edmund: Gerücht und Klatsch. Die Diffusion der „abgerissenen Hand". Berlin 1990 (Hochschul-Skripten: Medien, 31).

Linné, Carl von: Nemesis Divina. Aus dem Lateinischen und Schwedischen üb. von Ruprecht Volz. Hrsg. von Wolf Lepenies und Lars Gustafsson. München/Wien 1981.

Morin, Edgar: La rumeur d'Orléans. Paris 1969.

Ní Dhuibhne, Éilís: Dublin modern legends: An intermediate type list and examples. In: Béaloideas 51 (1983) 55–70.

Petzoldt, Leander: Dämonenfurcht und Gottvertrauen. Zur Geschichte und Erforschung unserer Volkssagen. Darmstadt 1989.

Portnoy, Ethel: Broodje Aap. De folklore van de post-industriele samenleving. 9. Aufl. Amsterdam 1987.

Reumaux, Françoise: La rumeur: Une mémoire flottante. In: Veronika Görög-Karady (Hrsg.): D'un conte... à l'autre. La variabilité dans la littérature orale. Paris 1990, 205–212.

Röhrich, Lutz: Der Witz. Figuren, Formen, Funktionen. Stuttgart 1977.

Rosnow, Ralph L.: Die Macht des Gerüchts. In: Psychologie heute 16 (1989) Nr. 5, 20–24.

Shenhar, Aliza: Israelische Fassungen des Verschwundenen Anhalters (Mot. E 332.3.3.1: The Vanishing Hitchhiker). In: Fabula 26 (1985) 245–253.

Shenhar, Aliza: Legendary rumors as social controls in the Israeli Kibbutz. In: Fabula 30 (1989) 63–82.

Simonides, Dorota: Moderne Sagenbildung im polnischen Großstadtmilieu. In: Fabula 28 (1987) 269–278.

Simonides, Dorota: Zur Methodologie der Sammlung zeitgenössischer populärer Erzählungen. In: Fabula 31 (1990) 279–283.

Smith, Paul: The book of nasty legends. London 1983.

Smith, Paul: The book of nastier legends. London 1986.

Stahl, Sandra K. D.: The oral personal narrative in its generic context. In: Fabula 18 (1977) 18–39.

Top, Stefaan: Modern legends in the Belgian oral tradition. In: Fabula 31 (1990) 272–278.

Virtanen, Leea: Varastettu isoäiti. Kaupungin kansantarinoita [Die gestohlene Großmutter. Urbane Volkssagen]. Helsinki 1987.

Weber-Kellermann, Ingeborg: Berliner Sagenbildung 1952. In: Zeitschrift für Volkskunde 52 (1955) 162–170.

Wehse, Rainer: Die „moderne Sage" in Deutschland. In: Zeitschrift für Volkskunde 86 (1990) 67–79.

Inhaltsverzeichnis

V. Sexualität

VI. Essen und Trinken

VII. Tiere

VIII. Unerwartete Todesfälle

IX. Merkwürdige Zufälle